오래 멋지게 행복하게

오래 멋지게 행복하게

| 이영권 지음 |

미래를 걱정하지 않고 사는 사람들의 **인생설계 시스템**

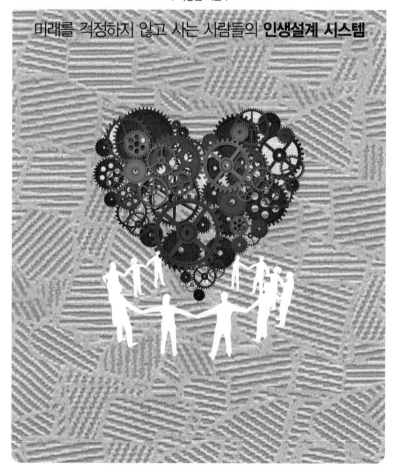

살림

백수부터 백억 부자까지
1만여 명의 인생을 바꾼 성공 시스템의 비밀

시스템System.

우리 주변 어디서든 들을 수 있다. IT, 미디어, 굴뚝산업, 농수산업 분야, 심지어는 여성복 브랜드명에 이르기까지 어딜 가나 쉽게 접하게 되는 단어다. 사전은 "필요한 기능을 실현시키기 위해 관련 요소를 어떤 법칙에 따라 조합한 집합체"라고 해석한다. 쉽게 말하면 어떤 목표를 이루는 데 반드시 필요한 절차나 과정, 구조라고 풀이할 수 있다.

개인의 삶도 마찬가지다. 그 절차가 복잡하든 단순하든, 구조가 허술하든 탄탄하든 누구나 나름의 시스템을 가지고 살아가고 있다. 이 시스템을 어떻게 구성해 실천해나가느냐에 따라 인생이 바뀐다. 예를 들면 이런 것이다.

같은 직장에서 같은 상사를 모시고 있는 A와 B가 있다. 어느 날 상사가 각각 일을 나눠주었다. 그러나 A와 B에게는 이미 진행되고 있는 프로젝트가 한둘이 아니다. 게다가 언제 또 다른 일이 떨어질지 모른다. 당연한 말이지만 상사는 부하에게 사업계획을 보고하지 않는다. 친절하게 부하의 일이 끝나길 기다렸다가 다른 일을 나눠주는 상사는 없다.

A의 경우 업무 플래너를 꺼내 그동안 진행됐던 일의 스케줄을 살펴본다. 빡빡하지만 다른 일을 진행할 시간적 틈이 있다. 업무 효율에 따라 스케줄을 구성하다보니 심지어 남는 시간도 생긴다. 도중에 또다른 일을 받더라도 별 문제는 없을 것 같다.

B는 일단 하던 일을 접어두고 상사가 던진 새 일에 몰두한다. 따로 잡아 놓은 스케줄 표는 없고, 그냥 그때그때 컨디션에 따라 무작정 하고 보는 스타일이다. 하나의 일에 집중하다보니 속도는 물론 완성도도 높아질 듯하다. 실제로 옆 자리에 앉은 A의 일 진행 속도보다 더 빠르다. 나름 순조롭게 일이 잘 풀려가고 있을 무렵 상사가 다가와 묻는다.

"B군. 저번에 진행되던 프로젝트는 어떻게 되었나?"

당황한 B는 또다시 하던 일을 멈추고 지난 프로젝트에 달려든다.

과연 A와 B 중 누가 제대로, 그리고 빠르게 일을 끝마쳤을까? 그리고 후에 누가 먼저 승진했을까?

짧은 예지만 직장을 다니는 사람이라면 누구나 공감할 만한 내용일 것이다. 이처럼 시스템의 힘은 강력하다. 능력의 차이가 2배라면 시스템의 차이는 20배다. 철저한 자기관리와 자기계발을 시스템화하면 자신의 부가가치를 높일 수 있다. 여기서 '시스템화'란 자기관리를 수행하기 위해 자신과의 약속을 정하는 것이다. 이 약속에 철저할수록 시스템은 원활하게 운영되고, 자신의 가치 또한 상승한다.

여기서 독자들은 불만을 토로할 지도 모른다.

"말이 쉽지, 그걸 지키는 게 얼마나 어려운데. 메모와 독서, 효율적인 스케줄 짜기, 자투리 시간 활용하기 등이 중요한 건 누구나 알고 있다고."

그래서 필요한 게 '시스템의 습관화'다. 앞에서도 언급했던 시스템의 사전적 의미를 거꾸로 생각해보자. "관련 요소를 어떤 법칙에 따라 조합하면 필요한 기능을 실현할 수 있다." 즉, 시스템만 정착되면 원하는 바는 저절로 이루어진다는 말이다.

목표를 설정하고 거기에 도달하는 과정을 시스템화하자. 이제부터는 목적 자체가 중요한 게 아니라 시스템의 톱니바퀴가 잘 돌아갈 수 있도록 조이고 기름칠하는 데 신경 쓰기만 하면 된다. 처음 자동차가 출발할 때는 높은 RPM으로 힘겹게 가속하지만, 일단 속도가 붙으면 낮은 RPM으로도 쉽게 원하는 목적지까지 갈 수 있다. 시스템 역시 처음에는 낯설고 힘들겠지만, 꾸준히 노력해 어느 정도 습관화되면 그보다 쉬운 것이 없다. 오히려 시스템에서 벗어나는 것이 어색할 정도다.

이 책《오래 멋지게 행복하게》는 독자들이 삶을 시스템화하는 데 직접적인 도움이 될 수 있도록 설계됐다. Part 1에서는 시스템이란 무엇인지, 어떠한 시스템으로 목표를 성취할 수 있는지에 대해 설명하고 있으며, Part 2와 Part 3에서는 각각 창의구상력, 실행통찰력을 통해 직접 시스템을 설계하고 실천할 수 있는 방법을 다뤘다. 이 책의 내용을 따라가며 실천하다보면, 어느 순간 목표로 했던 일이 이뤄져 있는 걸 발견하게 될 것이다.

이영권

Part 2_

시스템을 만드는 창의구상력

Part 3_

시스템을 길들이는
실행통찰력

Part 1

시스템으로
인생에 가치를 부여하라

1

시스템은 승리를
결정하는 힘이다

재테크?
돈이 있어야 하지!

"재테크는 하고 싶은데 돈이 없어요."

필자의 강의를 듣는 수강생 중 종종 이런 하소연을 하는 사람들이 있다. 물가는 나날이 상승하고 이래저래 들어가야 할 돈은 많다. 그야말로 하루 벌어 하루 생활하기도 빠듯한데 언제 돈을 모아 어떻게 재테크를 하느냐는 것이다.

그럴 때마다 저축은 얼마나 하고 있는지를 되묻는다. 재테크와 전혀 무관한 질문을 받은 사람은 대체로 뜨악한 표정을 짓곤 한다. 주식이나 부동산 투자 같은 것을 떠올렸을 것이니 그럴 만도 하다. 그러나 이는 잘못된 생각이다. 재테크의 기본은 '저축'이다.

금 수저를 물고 태어나지 않는 이상 종잣돈은 저절로 만들어지지 않는다. 종잣돈의 필요성은 누구나 알고 있다. 그런데도 종잣돈을 만들지 못하는 것은 '돈이 없는 현재'에만 집착한 나머지 '돈을 만들 수 있는 가능성'을 염두에 두지 않아서다. 당연히 재테크는 자신과는 거리가 먼 일일 뿐이고, 여기저기에서 재테크로 돈을 벌었다는 사람들의 삶은 부럽기만 하다. '나는 돈이 없어 하지 못하는 일을 그들은 돈이 있어 한다'고 생각하니 억울한 마음도 든다.

그런데 좀 더 솔직하게 따져 보자. 당신은 정말 돈이 없는가?

어젯밤 취기가 오르도록 술을 마시고 오늘 아침에는 회사 근처 테이크아웃 커피 전문점에서 커피 한 잔을 사서 마셨다. 사내 식당의 점심은 4,000원이지만 해장 겸 입맛에 맞는 음식을 먹기 위해 회사 근처 식당에서 6,000원 하는 점심을 먹었다. 돌아오는 길에 당신의 손에 들려 있는 것은 아침과 마찬가지로 테이크아웃 커피 한 잔이다.

과소비와는 거리가 먼, 일상에 소소한 즐거움을 주는 이 정도의 소비는 열심히 일하는 당신이 당연히 누릴 만한 것이라 여길 수도 있다. 그러나 매일 빠져나가는 이 돈을 한 달로 계산하면 적게는 10만 원에서 많게는 50만 원까지 된다. 그 돈을 통장에 넣으면 1년이 지난 후 몇백만 원의 목돈을 만들 수도 있다.

돈의 가치는 돈의 많고 적음에 있는 것이 아니라 돈을 쓰는 사람에게 있다. 적은 돈이라도 그 가치를 알고 있는 사람이라면 그것이 손쉽게 빠져나갈 구멍을 만들지 않는다. 대부분의 부자들은 적은 돈의 가치를 아는 사람들이다. 그들은 10원짜리 하나라도 허투루 쓰는 법이 없다. 10원이 모여 100원이 되고, 100원이 모여 1,000원이 된다는 것을 잘 알기 때문이다. 물론 대부분의 사람들도 이와 같은 사실을 알고는 있다. 하지만 아는 것과 실천하는 것은 분명히 다르며, 실천을 하지 않는 것은 모르는 것과도 같다. 실제로 많은 사람들은 '먹고 살자고 하는 일인데 이까짓 돈 아껴서 뭐해?'라고 생각하며 소소한 지출에는 그다지 신경 쓰지 않는다.

돈이 없는 것은, 지출할 때가 많아서가 아니라 돈이 빠져나가는 구멍을 막지 못해서다. 작은 구멍 하나는 큰 댐도 무너뜨릴 수 있다. 돈이 없음을 한탄하기 이전에 돈이 빠져나가는 구멍을 그냥 내버려두고 있는 것은 아닌지 자신부터 살피는 게 먼저다.

그렇게 하려면 먼저 자신의 수입과 지출을 정확하게 기록할 필요가 있다. 지피지기면 백전백승이라 했다. 아는 것과 모르는 것의 차이는 크다. 자금의 흐름을 정확하게 파악해야 불필요한 지출도 찾아낼 수 있다. 매주 대차대조표를 만들어 그 주의 수입과 지출을 단 돈 100원까지도 파악해야 한다. 자신의 머릿속에 입력되어 있다거나 나갈 돈은 나가게 되어 있다고 생각하는 것은 금물이다. 돈의 흐름을 명쾌하게 알기 위해서는 기록이 절대적으로 필요하다. 그래야 자세한 부분까지 정리할 수 있고, 나갈 돈이라고 여겼던 부분이 불필요한 지출은 아니었는지를 쉽게 파악할 수 있다.

단 돈 100원이라도 귀하게 여기는 사람은 돈을 모으게 되어 있다. 월마트의 창업자 샘 월턴은 20조 원이 넘는 재산을 가진 갑부임에도 검소하기로 소문난 인물이다. 하루는 기자들이 그의 집 앞에 1센트짜리 동전을 던져 놓고 기다린 적이 있었다. 그가 정말 단돈 1센트도 아끼는 사람인지를 시험해보기로 한 것이다. 한참 후 집에서 나온 그는 길에 떨어진 1센트를 발견하고는 허리를 굽혀 주웠고, 그것을 본 기자들은 놀라움을 금치 못했다. 그가 그럴 수 있었던 것은 액수에 상관 없이 돈의 가치를 잘 아는 사람이었기 때문이다.

부자들은 은행을 선택할 때도 발품을 판다. 많은 사람들은 옷 하나를 사더라도 할인 판매장이나 인터넷 쇼핑몰을 찾아다니며 가격을 비교한다. 그런데 예금통장은 집 가까이 있는 은행에서 묻지도 따지지 않고 만드는 경우가 다반사다. '이자가 몇 푼이나 차이가 난다고'라는 생각을 하고 있기 때문이다. 몇 푼 밖에 안 되는 이자라도 자신의 주머니에서 물이 새듯 빠져나가는 분명한 돈임을 명심하라. 돈이 없어 아쉽다고 말을 하면서도 막상 돈을 대할 때에는 진지하지 않고, 종잣돈이 없어 재테크를 할 수 없다고 한탄하면서 종잣돈을 만들 수 있는 저축은 등한시한다는 것은 말이 안 된다.

사실 습관적으로 소비하는 기호품을 끊거나 유행하는 제품을 외면하는 일은 그리 쉽지 않다. 자기 억제와 절제를 요하는 일이기 때문이다. 그러나 자신이 원하는 바를 이루려면 무엇을 해야 하는지, 또 무엇을 하지 말아야 하는지를 파악해 그에 따른 행동을 취해야 한다. 그것이 부자와 빈자를 가르는 차이기 때문이다.

당신은 정말 돈이 없는가? 아니면 저축하는 습관이 없는 것인가? 잘못된 소비습관을 개선하지는 않고 목돈이 없다고 한탄만 하고 있지는 않은가?

부자가 되는 가장 현명한 길은 오직 덜 쓰고 많이 저축하는 방법뿐이다. 그동안 잘못된 소비습관을 가지고 있다면 그것을 인정하고 개선할 방법을 찾아 하루빨리 실천하는 것이 중요하다.

얼마를 가져야
성공한 것인가?

 많은 사람들이 '돈 걱정 없이 사는 것'을 바라고 있다. 현대 사회에서 '돈 걱정 없이 살기'란 말처럼 쉬운 일이 아니다. 생활비, 공과금, 사교육비, 핸드폰 요금 등 여기저기 들어가야 할 돈은 많은데 딱히 들어올 데는 없으니 "돈 걱정 없이 살고 싶다"라는 말만 버릇처럼 하게 되는 것이다. 수명까지 길어졌으니 이제는 퇴직 이후의 노후도 걱정이다. 그런데 막상 "얼마나 가져야 성공한 것인가?"라고 묻는다면 정확하게 대답해줄 수 있는 사람은 없다. 걱정만 하느라 미래를 구체적으로 따져보지 않아서다.

한때 우리 사회에는 '10억 만들기' 열풍이 있었다. 보험회사들이 노후를 안락하게 지내는 데 그 정도의 돈이 필요하다는 자료를 내놓은 이후 사람들은 10억 모으기에 열을 올렸다.

같은 10억이라도 돈을 벌면서 10억이 있는 사람과 그냥 10억이 있는 사람의 '10억'은 다르다. 집을 소유한 사람의 10억과 집을 소유하지 않은 사람의 10억이 다르고, 자녀가 하나인 사람의 10억과 자녀가 둘 이상인 사람의 10억은 다르다. 저마다 다른 상황에서 10억은 그 가치가 다른 것이다.

게다가 본인이 자신의 현실에 맞춰 만든 목표치가 아니기 때문에 '10억'은 올라갈 수 없는 먼 산처럼 멀게만 느껴진다. '10억이 필요하다고 하니 10억을 모아볼까'라는 생각은 오로지 생각으로 끝내기 쉽다. 하지만 자신의 현실을 파악하고 정확하게 계산해 '목표치'를 정한 사람은 목표를 이루기 위한 구체적인 방안을 모색한다.

얼마를 모아야
하는가?

　　그것을 계산하려면 먼저, 자신이 하고 싶은 일이 무엇인지를 찾아야 한다. 부자는 하고 싶은 것을 하는 사람이다. 은퇴 후에도 자신이 하고 싶은 것을 할 수 있을 뿐 아니라 자녀에게도 하고 싶은 것을 할 수 있게 도움을 줄 수 있는 사람이다. 그렇게 되기 위해 필요한 자금을 진지하게 계산해보라.

　　통계청에서 발표한 노후자금의 연간 기본 생활비는 1,536만 원이다. 이는 말 그대로 먹고 사는 것만 해결되는 금액이다. 여기에다 여유 생활비를 추가할 필요가 있다. 건강검진을 포함한 각종 경조사비, 차량 유지비 등을 쓰다 보면 1년에 필요한 여유 생활비는 약 2,800만 원이다. 게다가 운동, 여행과 같은 취미 생활비까지 덧붙이면 필요한 생활비는 더 많아진다.

　　자신이 살고 있는 집을 제외한 기본 생활비와 여유 생활비를 계산해보면 자신이 필요로 하는 자금이 산출된다. 그러나 이것은 어디까지나 노후자금으로, 노후 대책을 세웠을 뿐이지 성공했다고 말하기는 어렵다.

큰 부자를 꿈꾸면
성공할 수 있을까?

어떤 사람은 부자의 기준으로 1,700억 원을 제시하기도 한다. 1,700억 원을 넘어서면 생활수준이 더 이상 올라가지 않기 때문이다. 그 이상의 돈은 양의 문제일 뿐 질의 문제가 아니라는 것이다. 물론 누구나 다 이 같은 돈을 벌 수 있는 것은 아니다. 그러나 목표치를 높게 잡으면 목표에 도달할 수는 없어도 그 근처까지는 갈 수 있다. 처음에는 1억을, 그 다음에는 2억을 모으는 식으로 순차적인 단계를 밟다보면 큰 목표의 근사치까지는 다가설 수 있다. 첫 술에 배부른 법은 없다.

부자들은 다른 이들보다 더 높은 만족감을 원하는 사람들이다. 때문에 끊임없는 자기계발로 자신의 부족한 부분을 보충한다. 또한 몇 년 안에 어느 정도의 돈을 모으겠다는 분명한 목표를 가지고 구체적인 중장기 계획을 세운다. 반면, 빈자는 "이 정도면 열심히 했어"라고 자기만족에 머무른다.

성공은 다른 사람들보다 멀리, 그리고 높이 날아가는 것이다. 10억을 벌 수 있다고 믿는 사람은 10억을 벌지만 100억을 벌 수 있다고 믿는 사람은 그 이상을 벌 수 있다. 자신을 믿는 긍정적인 사고는 자신의 잠재력을 일깨운다. 할 수 있다는 걸 믿기 때문에 자기계발을 하며 모든 노력을 아끼지 않는다.

자신의 능력에 한계선을 그을 필요는 없다. 꾸준한 성장과 지속적으로 부를 창출할 수 있는 큰 부자를 꿈꾸어야 한다. 이런 의미에서 당신의 생각은 당신의 부를 결정하는 열쇠가 된다.

돈 없이도 시작할 수 있는
성공 시스템

system

　　　　　　　　　　　　부모로부터 물려받는 재산은 개인마다
다르다. 그런 면에서 보면 모든 사람들의 출발선이 같다고 할 수 없다.
그러나 누구나 동등하게 가지고 태어나는 것이 있다. 잠재력이다. 잠
재력은 말 그대로 숨어 있는 능력이다. 심지어 눈에 보이지도 않는다.
이러한 능력을 찾아 활용하는 건 꽤나 까다롭고 어렵다. 인간은 인생
을 사는 동안 자신의 잠재력을 10%도 발휘하지 못한다고 한다. 이는
잠자고 있는 90%의 잠재력을 깨울 수만 있다면 자신의 능력을 최대
한 활용할 수 있음을 의미한다. 실제로 자신의 잠재력을 아낌없이 활
용해 인생을 성공으로 이끈 사람들이 있다. 바로 자수성가형 부자들
이다. 그들은 어떻게 잠자고 있는 자신의 잠재력을 깨우는 데 성공할
수 있었을까?

　　그들에게는 세 가지 공통된 특징이 있다.

첫째, 절약이 습관화되어 있다. 동전 하나라도 함부로 쓰지 않는다. 그렇다고 아예 쓰지 않고 모으기만 한다는 것은 아니다. 자신의 사치와 안위에 있어 냉정한 잣대를 들이대며, 반드시 필요한 곳에는 과감하게 쓰는 결단력이 있다는 말이다. 또한 돈의 가치를 잘 알기에 공익사업에 투자를 아끼지 않는다.

둘째, 무엇보다도 신용을 중요하게 생각한다. 신용을 인간관계와 사업의 근간으로 삼기 때문에 무일푼에서도 눈부신 성공을 이루어낼 수 있었던 것이다. 고려와 조선을 거쳐 일제 강점기까지 한반도의 상업을 주름잡았던 개성상인들은 "돈에서 신용이 나는 것이 아니라 신용에서 돈이 난다"를 원칙으로 여기고 있었다. 그러한 상인의식으로 6·25로 인해 폐허와 다름없던 한국에서 그들은 부를 축적할 수 있었다. 신용은 '우리'라는 공동체 개념을 바탕에 깔고 있기 때문에 약속의 개념을 넘어 신의, 봉사의 개념과도 맥을 같이한다. 따라서 이것이 거래처와 고객과의 관계에서는 서비스와 정직의 의미로, 종업원들과의 관계에서는 가족주의 의미로, 사회적인 관계에서는 투명 경영의 의미로 확장되는 것이다.

셋째, 올바른 선택과 집중을 한다. 자신이 무엇을 해야 하는지 명확하게 알고 있으며 그것을 하기 위해 자신의 에너지를 집중시킨다. 이것저것에 관심을 가지고 기웃거리다보면 에너지는 분산될 수밖에 없다. 당연히 집중도도 떨어진다. 또한 능력의 분산으로 대충할 수밖에 없는 상황이 되기에 끝까지 가지도 못한다. 그러나 부자들은 올바른 선택을 한 후에는 그것을 이루기 위해 자신의 능력을 최대한 끌어 올려 최고의 성과를 이루어낸다.

성공한 사람들은 이러한 특성을 시스템화해 실천하고 있다. 시스템의 사전적 의미는 규칙적으로 작용하는 방법, 절차를 일컫는다. 보통은 조직이나 기기와 같은 것에서 활용하지만 개인의 인생에도 적용이 가능하다. 가령, 매일 아침 5시에 일어나기로 정했다거나 쓸데없는 지출을 막기 위해 매주 대차대조표를 작성하기로 했다면 틀림없이 그 약속을 지켜낸다. 부자들은 한 번 정한 약속은 반드시 지켜내기 위해 끊임없이 자기 자신을 채찍질한다. 그 이유는 간단하다. 자신과의 약속을 시스템화해 자신의 잠재력을 최대한 끌어낼 수 있는 최적의 상태를 만들기 때문이다.

시스템을 만드는 데는 돈이 들지 않는다. 그러나 시스템을 활용해 자신의 능력을 끌어내기 위해서는 꾸준한 관리가 필요하다. 자수성가형 부자들은 자기관리를 철저히 한다. "오늘 하루쯤 늦잠을 잔다고 하늘이 무너져?", "이 물건 하나 구입한다고 세상이 끝나?"와 같은 자기 변명을 절대 하지 않는다. 물론 하루쯤 늦잠을 잔다고, 물건을 구입한다고 하늘이 무너지거나 세상이 끝나는 일은 없다. 그러나 시스템은 무너진다. 한 번 어기기 시작한 약속을 두 번, 세 번이라고 어기지 못하겠는가.

그렇기 때문에 잠재력을 이끌어내기 위해서는 체계적인 자기관리가 필요하다. 그러한 관리 없이 이끌어낼 수 있는 것은 아무것도 없다. 많은 재산을 가지고 시작하면 좋겠지만 그렇지 못하다고 해서 당신이 성공을 못하는 것은 아니다. 당신의 성공을 가로막는 것은 돈이 아니라 자신의 잠재력을 이끌어주는 시스템의 부재에 있기 때문이다.

부자의 생활습관을 벤치마킹해 시스템을 갖추어야 하는 이유가 여기에 있다.

빈곤과 풍요 사이에 존재하는 것은 시스템이다

 당신에게 부자가 되고 싶은지 빈자가 되고 싶은지를 묻는다면 망설임 없이 부자가 되고 싶다고 답할 것이다. 그건 다른 사람들도 마찬가지다. 부자가 되기를 누구나 소망하지만 그 꿈을 아무나 이룰 수 있는 것은 아니다. 동전의 양면처럼 부자가 있으면 빈자가 있기 마련이다.

아무리 부정하고 싶어도 그것은 엄연한 현실이다. 이러한 현실 속에서 무엇이 되고 싶은지에 대한 정답은 나왔다. 그렇다면 이제 질문을 바꿔보자.

"부자와 빈자를 가르는 요소는 무엇인가?"

"돈 많은 부모를 만나서 그렇겠지."

당신은 불쑥 이렇게 대답할 수도 있다. 자본주의 사회는 말 그대로 자본이 힘을 지니고 있는 사회다. 돈이 돈을 끌어당기는 구조이다보니 부를 물려받은 사람은 더 많은 부를 소유하게 되어 있다. 그러나 우리나라에서 10억 원 이상의 현금성 유동자산을 보유한 부자들은 대부분 혼자 힘으로 일어선 자수성가형 부자들이다. 또한 부모가 부자라고 해서 그 자식이 다 부자로 사는 것도 아니다. 돈이 있는 방향을 감지하지 못한다거나, 돈을 매료시키지 못한다면 가지고 있는 돈도 잃게 된다. 많은 부자들이 자신의 자녀에게 재산만 물려주지 않고 자신의 시스템까지 전수하려는 이유가 여기 있는 것이다.

월마트의 창업자 샘 월턴은 네 명의 자녀에게 수업이 끝나면 가게에서 일을 하도록 했다. 그는 자신의 아이들에게 '게으른 부자'라는 소리를 듣게 된다면 용서하지 않겠다는 말과 함께 1센트의 소중함도 가르쳤다.

투자가 워런 버핏이 돈을 빌려달라는 딸에게, "돈은 은행에 가서 빌리는 것이지 부모한테 빌리는 것이 아니다. 축구팀에서 아버지가 유명한 센터 포드였다고 그 자리를 아들이 물려받을 수 없지 않으냐"라고 말했던 일화가 있다. 그는 부자 부모를 두었다고 자식이 다 부자가 되는 것은 아니니 열심히 일을 해서 자신의 손으로 돈을 벌어야 한다는 것을 강조해왔다고 한다.

이들은 시스템으로 받쳐주지 않는 '부'는 허망하게 사라지기 쉽다는 것을 알고 있다. 때문에 그들은 어려서부터 자녀들에게 엄격한 금전교육을 시키고 철저한 자기관리법을 전수한다.

이처럼 부자는 부자가 될 수밖에 없는 시스템을 가진 반면, 빈자는 빈자가 될 수밖에 없는 습관을 가지고 있다. 타산지석이라고 했다. 어떤 습관이 빈자로 있게 하는지 알아볼 필요가 있다.

첫째, 돈에 대해 진지하게 생각하지 않으며 푼돈을 업신여긴다. 그러면서도 많은 돈에 대한 간절한 바람을 가지고 있다. 하늘에서 돈이 떨어지든, 거액의 복권에 당첨되든, 어디서든 돈이 들어올 구멍이 갑자기 생겼으면 좋겠다는 망상에 사로잡혀 있다. 있지도 않은 돈이 갑자기 들어올 리 없는데도 '내가 아주 돈복이 없지는 않을 텐데'라는 막연한 생각에 사로잡혀 있기까지 하다.

세상의 그 어떤 복도 노력하지 않는 사람에게는 들어오지 않는다. 인복이 있는 사람은 인덕이 있기 때문이고, 수복이 있는 사람은 평소 건강관리를 잘했기 때문이다. 돈복 또한 마찬가지다. 돈복이 있는 사람은 돈에 대한 마음가짐이 남달랐기 때문에 스스로 얻어낸 것이다.

돈복의 시작은 돈에 대해 진지하게 생각하는 마음가짐에 있다. 푼돈도 소중히 여기며 평소 근검절약하는 사람에게 들어오던 복이 심술궂게 나갈 리는 없다.

둘째, 돈을 버는 데 필요한 지식을 등한시한다. 부자가 되려면 최소한 알고 있어야 할 지식이 있다. 돈에 대한 지식, 세금이나 비즈니스 실무에 대한 지식 등을 차근차근 배워 나가야 한다. 하다못해 좌판을 벌이더라도 그 동네의 상권과 유동인구 정도는 알고 있어야 그날 수입을 확보할 수 있는 법이다. 그런데도 대부분의 사람들은 경제에 대한 필요한 지식도 없이 돈을 벌겠다고 덤벼들기만 한다.

셋째, 전략과 행동이 없다. 전략과 행동력을 갖추지 못한 사람은 기회가 와도 기회를 알지 못하고, 기회를 알아도 그 기회를 살리는 방법을 알지 못한다. 장기적인 안목으로 전략을 세우고 단계를 밟아 자신을 계발하는 것을 등한시하기 때문이다.

넷째, 부지런함과는 거리가 멀다. 부자들은 아무리 바빠도 시간을 쪼개어 경제 관련 서적이나 신문을 읽고 공부를 한다. 투자설명회가 열리면 다 아는 내용인데도 빠지지 않고 참석한다. 부동산 투자를 하는 데에도 발품을 팔며 적극적이다. 그런데 빈자들은 어떤가. 모든 것을 미룬다.

다섯째, 성공으로 이끌어주는 스승이나 친구가 없다. 어쩌면 당신은 주위에 없는 사람을 어떻게 찾느냐고 되물을 수도 있다. 그러나 "세 명이 길을 가도 그중에 스승은 반드시 있다"라는 말이 있다. 스승을 찾기 위해서는 많은 사람을 만나야 한다. 그중 유익한 이야기를 들려주는 사람이 있다면 그 사람이 바로 당신의 스승이다.

필자에게도 조지 브라운이라는 멘토가 있었다. 그는 성공할 수밖에 없는 마인드를 지닌 사람이었지만 다른 직원들은 그를 그저 영업을 잘하는 사람이라고만 여겼다.

그의 마인드를 복제하고 그의 행동을 눈여겨보지 않았던 것이다. 부자가 되지 못한 사람들은 그런 사람을 만나더라도 그냥 그 사람이 잘나서 그런 줄로만 안다. 그의 마인드를 배울 생각을 하지 않았던 것이다.

빈자의 습관으로는 절대 풍요로운 삶을 누릴 수는 없다. 돈도 자기를 진지하게 생각해주는 사람에게 모여들기 마련이다. 한 푼이라도 더 벌기 위해 전략을 세우고 부지런하게 행동하는 사람을 그렇지 않은 사람이 어떻게 이길 수 있겠는가. 부자로 사느냐 빈자로 사느냐는 자신이 가진 사고와 습관에 따라 좌우된다. 부자로 살고 싶다면 부자의 시스템을 갖기 위해 노력하라.

시스템을 가진 거인이 되기 전에는 누구나 거절당한다

조지 브라운을 만난 것은 필자가 해외 주재원으로 근무할 때였다. 미국 지사에서 일할 때 만난 인생 최대의 멘토인 조지 브라운은, 그 나라에서 자동차 세일즈 판매순위 5위 안에 들 정도로 능력이 뛰어난 인물이었다. 당시 그가 올린 수입은 100만 달러(현재 1,000만 달러 정도) 이상이었다.

그가 처음부터 부와 명성을 가진 것은 아니다. 그는 미국의 한 시골 마을에서 가난한 집 아이로 태어나고 자란 지극히 평범한 인물이었다. 가난하고 배운 것이 없어 그가 선택할 수 있는 일도 그다지 많지 않았다. 그렇다고 가게를 낼만한 자금도 없었다. 그는 상대적인 열등감에 빠졌고, 도피하는 심정으로 군 입대까지 자원했다.

군 생활은 힘들 뿐 아니라 단조로웠다. 마땅히 할 일을 찾지 못해 군대까지 왔다는 생각을 하니 무엇을 하든 즐겁지가 않았다. 그런데 그

곳에서 한 상사로부터 중요한 교훈을 듣게 되었다.

"매일 아침마다 구보를 하는데 그게 그렇게 힘들고 귀찮을 수가 없었습니다. 어쩌면 도피처로 여겼던 군대였기에 그랬는지도 모릅니다. 그러던 어느 날 한 사람이 유난히 눈에 들어오더군요. 그는 매일같이 반복되는 군 생활을 불평 없이 견뎌내던 상사였습니다. 그가 나에게 '아침 구보를 왜 그렇게 힘들게 받아들이나. 귀찮은 훈련이라 생각하지 말고 나의 몸을 건강하게 단련시키는 일로 생각해봐. 그러면 내일부터 아침 구보가 고맙게 느껴질 거야'라고 말하더군요."

조지 브라운은 상사의 조언에서 자신의 문제가 무엇인지를 깨달았다. 그동안 자신은 불평불만만 할 줄 알았지 무언가를 하기 위해 노력하지 않은 '게으른 자'에 불과했다는 것이다. 그 다음 날부터 마음가짐을 새롭게 하고 생활습관까지 바꿔나갔다. 남들보다 먼저 일어나고, 틈만 나면 독서를 했다. 그러다보니 '단단히 각오를 다지면 사회에 나가 못할 일이 없다'는 자신감도 생겼다.

군 생활 2년을 마치고 사회로 나왔지만 출발은 쉽지 않았다. 가진 것 없고 배운 것이 부족했기에 일을 찾기가 쉽지 않았던 것이다. 그러던 중 그는 자본 없이 곧바로 시작할 수 있는 일로 자동차 세일즈 일을 선택했다. 처음 일을 시작했을 때는 실적이 평균도 못 되었다. 심지어 지점장이 그를 채용하기를 꺼렸다는 이야기까지 듣게 되었다. 그 이유를 듣는 순간 그는 둔기로 머리를 맞은 듯했다. 바로 그의 촌스러운

옷차림이 문제였기 때문이다.

그는 자신의 외모부터 바꾸기 시작했다. 수입의 5%를 무조건 옷에 투자했고, 야간에는 디자인과 패션 감각을 익힐 수 있는 학원에 다녔다. 자동차 세일즈라는 직업의 특성상 보다 많은 고객을 만나야 했는데 고객에게 신선한 이미지를 주기 위해서 이미지 메이킹 기법을 배워나갔다.

그의 변화는 옷차림에만 있지 않았다. 남들보다 30분 일찍 출근하고, 이동 중에는 자동차 안에서 시사프로그램을 듣고, 회사에 도착하면 1시간여에 걸쳐 고객에게 손수 편지를 썼고, 30분 동안은 그날의 일정을 체크했다.

그는 그 같은 일을 20년 동안이나 지켜 왔다. 그렇게 하기로 결심을 굳힌 후에는 단 한 번도 자신과의 약속을 어긴 적이 없었다. 일단 결심을 했으면 하늘이 두 쪽 나도 지켜야 한다는 게 그의 철학이었다.

뿐만 아니라 주변 지인들을 비즈니스 대상으로 여기는 다른 세일즈맨들과 달리 그는 자신의 지인들을 찾지 않았다. 대신 자신이 새롭게 만난 고객 한 사람 한 사람을 보물 대하듯 하면서 그 사람과 연결된 수많은 네트워크를 보았다. 그는 고객 한 사람 한 사람을 자신의 인적 네트워크로 연결시키는 작업을 해나갔다.

조지 브라운은 고등학교밖에 나오지 못했다. 그런 그가 당당히 성공할 수 있었던 것은 그가 자신만의 시스템을 가동·운영했기 때문이다.

아침 시간의 활용, 끊임없는 자기계발, 철저한 고객관리를 20년 동안 해내기란 말처럼 쉽지 않다. 그러나 그는 자기와의 싸움에서 보란

듯이 이겨냈다. 그렇지 않았다면 그는 그저 가난한 데다 고등학교 졸업장밖에 없는 평범한 세일즈맨의 인생을 살았을 것이다.

필자 또한 조지 브라운을 벤치마킹의 대상으로 삼아오면서 수많은 고비를 넘겼다. 때로는 자신감이 사라지면서 포기하고 싶은 유혹에 빠지기도 했다. 그러나 그를 생각하고 실천하는 것은 온전히 나 자신의 몫이라는 것을 되새기며 이겨냈다. 좋은 시스템을 모방할 수는 있지만 그것을 활용해 성공으로 이끄는 것은 자신의 의지에 달린 것이다.

인생에 있어 처음부터 '성공한 사람'은 없다. 운이 좋아 부자 부모를 만날 수는 있겠지만 그것을 두고 '성공'이라고 말하지는 않는다. 자신과의 부단한 싸움에서 당당히 이겨내고 자신만의 시스템을 확립해 실천하는 사람만이 성공을 쟁취할 수 있다.

힘든 시기를 대비하면
좋은 시절은 따라오게 된다

'인생의 시계'에 고장이란 없다. 재깍재깍 소리를 내지 않을 뿐 단 한순간도 멈추지 않고 정확하게 움직인다. 티가 안 나기 때문에 당신은 항상 봄이나 여름이 거기에 머물 것이라고 착각할 수도 있다. 그러나 가을을 지나 겨울은 틀림없이 온다. 여름에는 얇은 옷을 입어도 괜찮지만 겨울에는 두껍고 따뜻한 외투를 입어야 한다. 그런데 따뜻한 외투를 구입할 능력은 갖추었는가?

다른 사람보다 낮은 연봉을 받는 것 때문에 미래를 대비할 수 없다고 생각할 필요는 없다. 마찬가지로 다른 사람보다 높은 연봉을 받는다고 미래를 대비할 수 있다고 생각해서도 안 된다.

소득이 많은 사람이 무조건 부자가 되는 것이 아니라는 '파키슨의 법칙'이 있다. 100만 원을 버는 사람은 100만 원을 쓰고, 1,000만 원을 버는 사람은 1,000만 원을 쓸 가능성이 크다. 버는 만큼 모으는 것이 아니라 버는 만큼 생활수준을 높여서다. 소득의 적고 많음이 힘든 시기를 대비하는 데 결정적 역할을 하는 것이 아니다. 중요한 것은 지금 버는 돈의 액수가 아니라, 미래를 준비하는 투자다.

어떤 투자든지 종잣돈 없이는 불가능하다. 종잣돈을 마련하기 위해서는 당연히 저축부터 선행되어야 한다. 개인적인 경제 사정에 맞춰 가장 적합한 상품을 선택하는 것이 좋다. 그러나 저축은 고독하고 지루한 만큼 성공하는 사람보다 실패하는 사람이 더 많다. 때문에 저축을 할 때에는 '저축 목표'를 정하는 것이 좋다. 인생이든, 저축이든 정확한 목표가 있어야 그것을 이뤄가며 얻는 기쁨을 맛볼 수 있다. 무엇보다 목표를 정하면 쓸데없는 지출을 줄일 수 있다.

목표로 향하는 길이 길게만 느껴진다면 단계별로 목표를 세워 최종 목표에 도달하는 것도 한 방법이다. 가령, 몇 년 안에 얼마의 돈을 벌 것인지를 계획하고 달성한 후 그 다음 단계로 넘어가 또다시 계획을 세우고 실행하는 것이다. 이렇게 목표를 하나씩 달성하다보면 자신이 원하는 성과를 얻을 수 있다.

현명한 저축에 이어 안정적인 투자도 간과할 수 없다. 지속적인 수익을 추구하고 싶다면 안정적인 투자가 뒷받침되어야 한다. 투자에서 실패를 줄일 수 있는 가장 좋은 방법은 자신이 아는 종목에만 투자하는 것이다.

'투자의 귀재'라고 불리는 워런 버핏은 자신이 알지 못하는 종목에는 투자하지 않는 것으로 유명하다. 그는 IT열풍이 불 때조차도 그 분야에 투자하지 않았다. 다른 사람들로부터 트렌드를 읽지 못한다는 조롱까지 받았지만 그는 자신의 원칙을 굳건히 지켜내 결국 장기적으로 좋은 수익률을 낼 수 있었다.

초보 투자가들이 가장 범하기 쉬운 오류는 주위의 말에 쉽게 흔들린다는 점이다. 그런 오류를 범하지 않기 위해서는 자기 손으로 직접 정보를 수집하고 주위의 정확한 소식을 활용하는 것이 좋다. 자기에게 친숙한 종목을 몇 개 만들어둔다면 유용하면서도 안정적인 투자를 할 수 있을 것이다.

절약하고 저축하는 습관을 들이고 안정적인 투자를 하는 것이 미래를 준비하는 재테크다. 그런데 리스크가 전혀 없는 최선의 재테크도 있다. 바로 자기계발이다.

젊은 시기에 가장 중요한 재테크는 자신의 몸값을 높일 수 있는 유능한 인재가 되도록 자기계발을 하는 것이다. 자기계발은 돈이 자신을 따르도록 하는 일과 같다. 전문성, 통찰력, 창의력과 같은 능력을 키운다면 몸값 역시 높아질 수밖에 없다. 수입의 대부분은 이자나 배당금이 아닌 소득에서 나온다. 결국 가치를 인정받아 자신의 몸값을 높이는 게 최선의 재테크인 것이다.

미래에 무엇이 기다리고 있을지 정확하게 아는 사람은 없다. 그러나 미래를 준비하고 예측할 수는 있다. 현재의 생활에만 급급해 미래에 대한 준비를 해두지 않는다면 결코 자신이 바라는 삶을 살 수 없다. 위기를 대비하는 사람은 위기를 기회로 만든다. 명심해야 할 것은, '인생의 전반부를 넘어 후반부까지 성공적으로 살기 위해서는 미래에 대한 투자를 게을리해서는 안 된다'는 것이다.

승자로 이끄는
강력한 시스템

미치도록 일하고도 왜 아직 미칠 것 같은 인생을 사는가?

당신은 이솝 우화에 나오는 개미처럼 열심히 일했다. 그런데도 놀고 있는 베짱이보다 불안하다. 왜일까? 베짱이는 자신이 일하지 않았기에 가난하다는 것을 안다. 마음을 먹지 않아 그렇지 마음만 먹으면 얼마든지 겨울을 준비할 수 있다고 생각한다. 그것이 막연한 희망이라도 어쨌든 현재 마음만은 편하다. 그러나 당신은 다르다. 열심히 일을 했는데도 제자리 걸음이다. 버는 만큼 족족 빠져나간다. 겨울을 준비하기는커녕 지금 당장 생활을 유지하는 것도 빠듯하다. 정말로 허탈한 일은 열심히 일했는데도 나쁜 결과와 만나는 것이다.

여기서 무엇이 문제인지 되짚어볼 필요가 있다. 문제를 살펴보는 가장 좋은 방법은 시작점을 돌아보는 것이다.

먼저 자신에게 질문을 해보라.

"나는 정말로 최선을 다했는가?"

매일 아침 서둘러 출근해 하루 종일 열심히 일했다. 딱히 사치하거나 과시하는 버릇도 없다. 잘살고 싶은 바람도 있기에 나름 어학공부를 하기도 하고 틈틈이 재테크 쪽 정보를 기웃거리기도 했다. 시간은 빽빽하게 채워져 있고, 할 만큼 하고 있으니 자신에게 휴식이나 술자리를 포상으로 주기만 하면 된다.

그러나 이 정도 수준으로 성공할 수 있다면 누구나 성공할 수 있다. 성공하는 사람이 소수인 것은 성공으로 가는 과정이 어렵기 때문이다. 이승엽 선수는 "혼신의 노력은 결코 배반당하지 않는다. 평범한 노력은 노력이 아니다"라고 말한 바 있다. 당신이 정말로 성공하기를 원한다면 다른 사람들도 당신만큼 노력하고 있다는 사실을 잊지 마라.

다시 물어 본다. 당신은 진정으로 최선을 다했는가? 적당히 하면서 할 만큼 했다고 여기는 것은 아닌가? 습관적 사치를 하지 않았다면서 불필요한 물건을 구입한 적은 없는가? 어학공부를 한다면서 약속이 있다며 자주 빼먹지는 않았는가? 황금 같은 시간을 짜임새 있게 쓰기는커녕 마냥 헤프게 보내지는 않았는가?

정말 최선을 다했다면 당신은 지금 자신이 원하는 삶을 살고 있어야 한다. 필자가 좋아하는 글귀 중 '진인사대천명盡人事待天命'이 있다. "주어진 조건 안에서 최선을 다하라"는 뜻이다. 최선을 다한 사람에게는 무한한 가능성이 열려 있다. 적당히 열심히 사는 것이 아닌, 정말 혼신을 다해 열심히 살고 있는지 자신을 돌아봐야 한다.

그런 다음 살펴볼 것은 당신이 취하고 있는 방법이다. 학습법을 모르는 학생은 밤새워 공부를 해도 성적을 올릴 수 없다. 성적이 올라가기를 원한다면 자신에게 맞는 학습법을 계발해야 한다. 일도 마찬가지다. 죽도록 일하는 것은 말 그대로 일만 하는 것이다. 열심히 일만 한다고 해서 능률을 높일 수는 없다. 생활의 달인이라는 프로그램만 봐도 알 수 있다. 그 프로그램에 나오는 생활의 달인은 자신의 분야에서 월등하게 일을 잘하는 사람들이다. 봉투를 접는 일이든, 파전을 부치는 일이든, 신문을 돌리는 일이든 어떤 일이든 간에 다른 동료와 똑같은 시간을 일하지만 그 성과는 두 배, 세 배가 훨씬 넘는다. 그들이 다른 점은 자신만의 요령을 체화시킨 것에 있다. 봉투 하나를 접더라도 그냥 접는 것이 아니라 가장 빨리 그리고 정확하게 접을 수 있는 요령을 계발한 것이다.

그것은 영리함이다. 영리하게 움직이니 일의 성과가 남다른 것이다. 이런 영리함을 갖추기까지 생활의 달인들은 무수한 시행착오를 겪었고, 그것을 습관화시키기 위해 최선을 다했다.

시행착오는 실패가 아니다. 자신에게 맞는 요령을 계발하기 위해 반드시 밟아야 하는 과정이다. 그러나 시행착오조차 겪지 않고 본래 놓여진 길대로 간다면 평균으로 살 수는 있겠지만 성공하기는 어렵다.

진정으로 성공하기를 원한다면 당신만의 요령과 방법을 찾아라. 그것이 바로 '인생 시스템'이다.

흘린 땀방울이 성공과 직결되는 인생 시스템을 만들어라!

　　대부분의 사람들은 성공하기를 원하지만 어디서부터 어떻게 시작해야 하는지는 잘 모른다. 마치 좌표 없이 표류하는 배처럼 효과 없이 분주할 뿐이다.

　성공하는 사람과 실패하는 사람의 가장 큰 차이는 시간을 운영하는 방식에 있다. 성공하는 사람들은 시간을 효율적으로 관리하지만 그렇지 못한 사람들은 시간을 헛되이 보낸다. 지나간 시간은 다시 잡을 수 없다. 그러나 대부분의 사람들은 "시간은 또 온다"라는 그들만의 행복한 착각에 빠져 있다. 오늘 당신에게 주어진 시간은 오늘만 존재할 뿐이다. 내일은 내일의 시간으로 오늘의 시간이 아니다. 즉 다른 시간인 것이다. 오늘 씨앗을 뿌려야 내일 이후에 정확하게 꽃을 피울 수 있다.

　시간을 효율적으로 관리하는 사람은 자신이 지닌 능력을 최대한 이끌어낸다. 어째서 그런가. 시간에 수동적으로 끌려다니는 것이 아니라 시간을 능동적으로 밀고 다니기 때문이다. 시간에 끌려다니는 사람은 하루 종일 바쁘게는 살아도 성과를 내지 못한다. 그러나 시간을 밀고 다니는 사람은 자신의 의지대로 성과를 만들어낸다.

많은 사람들이 필자에게 하는 말이 있다.

"당신은 하루에 두세 번씩 강의를 하는 데다 학교 강의까지 있어 굉장히 바쁜 것 같다. 그런데 만날 사람은 다 만나고, 1년에 책을 두 권씩 낸다. 어떻게 그럴 수 있는가?"

그에 대한 대답은 간단하다. '시간관리'에 있기 때문이다. 시간을 제대로 쓰는 것은 인생을 바꾸는 근본적인 바탕을 바꾸는 것이다. 모든 사람에게 평등하고 동등하게 주어진 것은 시간이다. 하루 24시간. 그렇기 때문에 다른 사람과 같은 것을 가져서는 성공할 수 없다. 시간을 팽창시켜야 한다. 시간을 팽창시키기 위해 제대로 된 관리가 필요하다.

그렇다면 당신은 이렇게도 질문할 수 있다.

"시간을 팽창시키라고 하는데, 어떻게 관리해야 되는 것인가?"

아침 시간을 활용하라

아침 시간은 마음껏 팽창시킬 수 있는 마법과도 같은 시간이다. 아침 시간을 어떻게 활용하느냐에 따라 성공의 길로 들어설 수 있다. 실제로 성공한 사람들의 대부분은 하루 일과 중 가장 중요한 일을 오전 10시 이전에 끝낸다.

아침 시간은 다른 사람에게 방해받지 않고 온전히 자신을 위해 집중할 수 있는 유일한 시간이다. 방해받지 않는 아침의 1시간은 오후 3시간의 가치를 가진다. 2시간을 활용했다면 오후의 6시간을 활용한 것이 되고, 3시간을 활용했다면 오후의 9시간을 활용한 것이 된다. 1 시간을 사용하여 3시간 이상의 효과를 얻는다면 그것만큼 효율적인 투자가 어디 있겠는가. 이러한 시간을 잘 활용한다면 당신은 다른 사람보다 더 많은 시간을 갖게 된다.

또한 아침은 다른 시간대에 비해 집중도가 높다. 이때 그날의 일정을 계획하거나, 책을 읽거나, 운동을 하는 건 하루의 에너지를 충전시키는 것과도 같다. 무엇보다 이른 아침부터 움직이다보니 다른 사람보다 더 여유롭게 하루를 시작할 수도 있다. 필자는 새벽 5시의 기상을 권하고 싶다. 그 시간에 일어나 다른 사람들보다 빠르게 하루를 시작해보라. 분명히 인생이 달라질 것이다.

자투리 시간을 활용하라

하루는 24시간밖에 되지 않는다. 잠자는 시간을 빼면 당신이 활용할 수 있는 시간은 더 적다. 그런데도 많게는 5~6시간, 보통은 2~3시간을 헛되이 보내는 경우가 많다. 출퇴근 시간이나 다른 사람과 만나기 전에 기다리는 시간 등이 그런 시간에 속한다.

이 시간도 효율적인 시간으로 충분히 바꿀 수 있다. 자신의 경쟁력을 높일 수 있는 책을 읽거나 어학을 공부하는 것이다. 활용하지 못하는 시간은 죽은 시간에 불과하다. 하지만 그 시간에 책을 읽거나 메모를 하거나 어학을 공부한다면 살아 있는 시간이 된다. 이제는 시간이 없다고 투덜거려서는 안 된다. 시간은 본인이 노력하는 만큼 충분히 만들어낼 수 있기 때문이다.

주말을 활용하라

아침과 자투리 시간의 활용이 가능해졌다면 주말 시간이 남아 있음을 눈치챘을 것이다. 주말의 경쟁력은 대단히 중요하다. 한 주를 반성하는 시간과 다음 주를 계획하는 시간이기 때문이다. 시간 단위로 계획을 한다면 활용도를 높일 수 있다. 다음 주에 할 것을 파노라마처럼 떠올릴 수 있도록 최대한 구체적으로 계획을 세우는 것이 바람직하다.

점심시간을 활용하라

대부분의 사람들은 함께 음식을 먹는 사람에게 비교적 쉽게 마음을 여는 편이다. 따라서 밥을 함께 먹는 자리는 마음을 터놓고 대화할 수 있는 기회가 된다. 점심을 먹을 때 가급적이면 혼자 먹지 않도록 한다. 그동안 만나지 못했던 사람들과 약속을 정해 점심시간을 함께 보낸다면 그 시간이 친교의 시간으로 활용될 수 있다.

잠들기 전 시간을 활용하라

잠들기 전에 오늘 하루를 반성하고 내일 해야 할 일을 중요도에 따라 순차적으로 정리해두자. 그렇게 하면 내일에 대한 기대로 가벼운 흥분도 느낄 수 있어 열정을 쉽게 끌어올릴 수 있다. 또한 내일의 시간을 효율적으로 관리할 수 있다.

에디슨은 변명 중에서도 가장 어리석은 변명은 "시간이 없어서"를 꼽았다. 모두에게 똑같이 주어지는 시간을 이제는 정말 시간이 없는 것인지, 시간활용을 못하는 것인지 자기 자신을 돌아봐야 한다.

다시 말하지만 자신의 삶에 주도적인 사람은 시간을 팽창시켜 밀고 나가는 사람이다. 이런 사람만이 자신의 경쟁력을 높일 수 있다. 이제는 "시간이 없어서"라는 변명을 쓰레기통으로 던져버리자. 애초 시간은 '없는 것'이 될 수 없다. 명심하라. 시간을 버리는 사람과 그렇지 않은 사람만 존재할 뿐이라는 것을.

능력의 차이는 2배,
시스템의 차이는 20배

system

　　　　　　　　　　　　　대부분의 사람들은 규모가 크든 작든
어딘가에 소속되어 일을 한다. 어떤 사람은 연봉 2,000만 원을 받지
만, 또 어떤 사람은 연봉 5,000만 원을 받는다. 연봉의 차이는 그 사람
이 지닌 능력의 차이다. 단순 노동을 하는 사람일수록 연봉은 적을 수
밖에 없고 전문직일수록 연봉은 높을 수밖에 없다. 하지만 어느 경우
든 '노동과 시간'을 '돈'과 맞교환하는 현실임은 분명하다.

　그러나 금전적 수입에도 두 가지 유형이 있다. 하나는 노동과 시간
을 제공함으로써 그에 상응하게 얻는 노동수입이 있고, 다른 하나는
유·무형의 자산으로부터 얻는 권리수입이 있다.

　전 세계 인구의 95%가 노동수입에 의존해 생활하고 있다. 따라서
중도에 일을 그만 두게 되면 수입이 끊기는 상황에 놓이게 된다. 많은
사람들이 실직을 두려워하는 이유다. 반면 권리수입은 한 번 만들어

두면 수입이 눈덩이처럼 불어난다. 발명가의 발명품, 작가의 인세, 가수의 음반, 브랜드 로열티가 대표적인 예다. 부동산 수입이나 주식투자 수입 등도 이에 해당한다.

성공한 사람들의 부가 기하급수적으로 불어나는 것은 권리수입 때문이다. 권리수입의 특징은 일한 만큼의 대가만 가져가는 것이 아니라 시스템을 통해 더 많은 수익을 가져간다. 그래서 빌 게이츠나 로버트 기요사키와 같은 세계적인 부자들은 하나같이 구글이나 삼성 같은 시스템을 만들거나, 맥도날드처럼 시스템을 사라고 한다. 시스템을 만드는 과정에는 많은 시간이 소요되고 꾸준한 노력을 필요로 하지만 한 번 만들어내기만 하면 지속적인 수입 창출이 가능하기 때문이다.

권리수입 외에도 지속적인 수입을 창출할 수 있는 방법으로는 자신의 부가가치를 스스로 높이는 방법이 있다. 베스트셀러 작가 도이 에이지는《전설의 사원》에서 자신의 부가가치를 스스로 높일 수 있어야 진정한 성공을 할 수 있다고 강조한다.

그가 말하는 부가가치란 회사에서 가장 유능한 '전설의 사원'이 되는 것이다. 전설의 사원이 되면 자신의 부가가치를 높일 수 있을 뿐 아니라 언제든지 그 능력을 현금으로 바꿀 수 있다. 그들은 회사에서 최고의 자리에 오르거나, 수준이 더 높은 다른 회사로 스카우트 되거나, 직접 회사를 설립한다. 자기가 좋아하는 일을 하면서 높은 연봉을 받는, 꿈을 이룬 사람이 전설의 사원이다.

자신의 부가가치를 높이려면 철저한 자기관리와 지속적인 자기계발이 필요하다. 이를 체계적으로 정립시켜 실천에 옮길 수 있도록 시스템화해야 한다. 시스템은 '자기관리'를 수행하기 위해 자신과의 약속을 정하는 것이다. 자신과의 약속에 철저할수록 시스템은 원활하게 운영된다.

재능에서 멈춘 패배자들,
현실로 이룬 승리자들

죄수와 수도사가 있다. 정반대로만 살아왔을 것 같은 이 두 사람에게는 공통점이 하나 있다. 바로 한정된 공간에 갇혀 있다는 것이다.

죄수는 매일 새로운 하루가 시작된 것에 지긋지긋해하며 나갈 날이 얼마나 남았는지 달력의 날짜를 센다. 음식을 먹을 때도 그 형편없음에 투덜거리며 밖에서 먹던 맛있는 음식을 그리워한다.

수도사는 매일 새로운 아침이 온 것에 감사하며 수행할 수 있는 현재를 즐겁게 받아들인다. 거칠고 소박한 것일지라도 소중한 음식을 주신 신에게 감사한다. 이 둘의 차이는 세상을 바라보는 시각에 있다. 죄수는 세상을 부정적으로 보았고, 수도사는 세상을 긍정적으로 보았다.

사람은 선천적인 조건을 바꿀 수는 없다. 하지만 주어진 조건 안에서 최선을 다해 좋은 조건을 갖고 있는 사람보다 더 멋진 결과를 만들어낼 수는 있다. 그것을 가능하게 하는 것이 바로 긍정적 사고다. 긍정적 사고는 자신의 잠재력을 극대화시켜주는 에너지원이다. 자신의 가능성을 믿는 사람은 자신의 재능을 최대한 끌어낼 수 있기 때문이다.

이는 위기가 닥쳤을 때에도 유감없이 발휘된다. 긍정적인 사람은 상황이 아무리 나쁘더라도 적극적으로 대처한다. 자신의 노력 여하에 따라 충분히 이겨낼 수 있다는 것을 알기 때문이다.

반면, 부정적인 사람은 어떠한 일이든 불평과 불만을 일삼는다. 그러다 결국 눈앞에 있는 기회를 놓치는 경우가 많다. 악순환의 반복이 아닐 수 없다. 외부의 위기가 내부의 위기를 만들어내고, 그 위기가 또 다른 위기를 만들어낸다. 그러니 '성공'이 자신과는 무관한 다른 사람의 이야기처럼 느껴진다.

성공은 기대와 믿음의 크기만큼 이루어진다. 자신을 긍정하고 믿는 사람은 미리 비관하거나 자신을 쉽게 포기하지 않는다. 또한 믿음은 기대에 부응하는 결과를 만들어낸다. 이는 '피그말리온 효과'로 설명이 된다.

피그말리온은 자신이 만든 조각상과 사랑에 빠진 그리스 신화 속 인물이다. 그는 아프로디테 신전에서 간절히 기도한다.

"여신이시여, 제발 이 조각상에 생명을 불어넣어주소서. 진실한 여인으로 제 품에 안길 수 있도록 해주소서."

그가 어찌나 간절히 기도했던지 아프로디테는 결국 조각상에 생명을 불어넣어주었다. 이처럼 무엇인가를 간절히 원할 때 그대로 실현되는 것이 '피그말리온 효과'다. 예를 들어 어머니가 자식을 믿고 정성을 다해 기원을 하면, 그것이 자식에게 엄청난 힘이 된다. 또한 2002년 월드컵에서 한마음으로 기원했던 국민들의 응원이 선수들에게 그대로 전달돼 최고의 실력을 발휘하는 데 얼마나 큰 힘이 되었는지도 경험했다.

"세상 모든 일은 마음먹은 대로 이루어진다"라는 말이 있다. 어떤 마음을 먹는지에 따라 자신의 재능이 발휘될 수도 있고, 그것을 그대로 사장시킬 수도 있다.

인간은 무한대의 가능성을 가지고 있다. 그 가능성을 이끌어내는 것은 바로 긍정의 힘이다. 긍정의 힘은 머리로 이해하는 것이 아니라 가슴으로 이해하는 것이다. 그런데 생각보다 많은 사람들이 긍정의 힘을 머리로만 이해해 막상 위기가 닥치면 미리 비관하고 자신을 포기해버린다. 긍정의 힘을 발휘했을 때 자신이 가지고 있는 재능도 효율적으로 사용할 수 있다는 걸 온몸으로 깨달아야 한다. 가슴 깊이 우러나오지 않는다면, 긍정의 힘을 얻기 위해 의식적으로라도 노력할 필요가 있다.

"나는 할 수 있다."
"나는 성공한다."
"나는 못할 것이 없다."

자신에 대한 긍정적인 기대와 믿음을 통해 꿈을 현실화하는 것이 곧 성공이다.

보이지 않는 것을
보이게 하라

사회생활을 하다보면 많은 사람들을 만나게 된다. 어떤 사람은 하는 말마다 거짓말 같고 어떤 사람은 단 한 마디의 말에도 무게감이 실린다. 만약 당신에게 함께 일하자고 권하는 사람이 전자라면 당신은 그 자리에서 거절할 확률이 높다. 반면 그 제안을 하는 사람이 후자라면 상황이 허락하는 한 함께 일하고 싶어 할 것이다. 당신의 마음을 움직이는 후자의 힘은 신뢰다. 입장을 바꾸어도 마찬가지다. 당신이 신뢰 있는 사람이라면 다른 사람에게 손을 내밀 때 상대방은 망설이지 않는다.

신뢰를 받는 사람 치고 성공하지 못하는 사람은 없다. 조직 내에서든 개인과 개인의 관계에서든 인간관계는 신뢰가 기본이다. 신뢰가 있으면 거래하거나 정보를 전달할 때 비용이 큰 폭으로 줄어든다. 유대인들을 보자. 그들은 자기들끼리는 계약서를 쓰지 않는 걸로 유명하다. 그것이 가능한 이유는 그들 사이에 신뢰가 형성되었기 때문이다.

신뢰는 보이지 않는 것을 믿게 하는 힘이다. 또한 저절로 가질 수 있는 것도 아니다. 신뢰는 단지 말을 잘한다거나 일을 잘한다고 해서 얻을 수 있는 것 또한 아니다. 나무에 열매를 맺으려면 씨앗을 뿌리고 물을 주고 햇볕을 쬐게 해야 한다. 타인을 속이거나 거짓말을 하지 않을 자신은 있지만 그것을 믿게 할 방법을 찾지 못했을 때 명심하라. 자기 자신을 잘 가꾸어야 비로소 신뢰라는 열매를 맺을 수 있다는 것을. 자신을 가꾼다는 것은 자신의 습관을 긍정적인 방향으로 향하게 하는 것이다. 좋은 습관의 향기는 다시 그 사람을 찾게 하는 강한 힘을 내뿜는다.

보이지 않는 것을 보이게 하는 것은 분명히 어려운 일이다. 그러나 당신은 이미 신뢰를 줄 수 있는 사람과 그렇지 않은 사람을 구분할 수 있는 능력이 있고, 그것은 다른 사람도 마찬가지다. 즉, 신뢰는 자신의 노력 여하에 따라 얻을 수 있는 무형의 재산인 것이다. 이 같은 신뢰를 얻기 위해서 필요한 자세가 무엇인지 살펴보자.

먼저 자신을 신뢰하라

자기 자신을 신뢰하지 않는 사람은 타인을 설득할 수 없다. 자기 확신이 없는 사람이 타인의 신뢰를 바란다는 것은 이치에 맞지 않다.

따라서 자신을 신뢰하려면 자신과의 약속은 무조건 지켜야 한다. 대부분의 사람들은 자신과의 약속을 수없이 하지만 약속을 하는 그 순간에도 자신이 그 약속을 지키지 못할 것이라고 여긴다. 헬스클럽에 3개월 치 회비를 냈지만 3일만 다니고 만다. 식사량을 좀 줄여야겠다고 결심을 했지만 한 끼 정도 시도하고 만다. 담배를 끊어야겠다고 다짐을 했지만 하루를 넘기기 힘들다. 이처럼 꽤나 많은 일들을 금지 목록에 올려놓고서도 그중 단 하나도 끈기 있게 지키지 못하니 자신이 한 약속을 자신이 믿지 못하게 되는 것이다.

미국의 대통령 벤자민 프랭클린은 자신의 성격이나 인격적 결함, 부족한 점을 목록으로 만들었다. 자기 자신을 점검한 후 자신의 부족한 점을 고쳐 나가기 위해서다. 그가 택한 방법은 매일 밤 잠들기 전에 그날 하루를 점검하고 반성하는 것이었다.

"오늘 나는 무엇을 했는가", 혹은 "무엇을 하지 못했는가", "다른 사람에게 상처를 입히는 말은 하지 않았는가", "하기로 한 일을 하지 못한 이유는 무엇인가" 같은 반성은 그 다음 날 똑같은 실수를 반복하지 않도록 하는 반면교사가 됐다.

인생을 사는 데 자기 점검표는 대단히 중요하다. 목표를 세우고 하루하루를 돌아보는 것은 자기 신뢰를 높이는 일이다. "매일 나는 이렇게 해내고 있다"는 믿음은 다른 것도 해낼 수 있는 확신으로 이어진다.

스스로를 신뢰하는 사람은 풍기는 기운부터 다르다. 표정에는 자신감이 넘치고 걸음걸이는 당당하다. 자기 확신이 있으니 결단력도 강하고 남 탓도 하지 않는다.

앞에서도 말했지만 사람들은 당신이 스스로를 신뢰하는 사람인지, 그렇지 못한 사람인지를 알아낼 수 있는 판단력을 가지고 있다. 당신이 스스로를 신뢰하고 있는 사람이라면 주머니의 송곳처럼 자연스럽게 드러나기 마련이다.

신뢰의 맹목적성을 믿어서는 안 된다

신뢰는 맹목적이지 않다. 타인을 무조건 신뢰하기란 어려운 일이다. 신뢰를 하는 데에도 경계선이 있다. 대부분의 사람들은 "이 사람의 80%를 믿어야겠다", 혹은 "이 사람의 50%만 믿어야겠다"와 같이 믿음의 정도를 분별하고 선택한다.

자신에 대한 믿음의 퍼센트를 높이려면 먼저 상대방 입장에서 생각하고 다가가는 열린 마음이 필요하다. 타인과의 원활한 소통은 자신의 것만 고집해서는 만들어낼 수 없다. 상대방에게 신뢰를 받고 싶다면 먼저 상대방을 신뢰하는 모습을 보여라.

약속은 반드시 지켜라

약속과 신뢰는 샴쌍둥이처럼 뗄 수 없는 관계다. 약속을 지키지 않는 것은 상대의 신뢰를 얻지 않겠다는 것과 같다. 지키지 못할 약속이라면 애당초 하지 않는 것이 좋다. 하지만 일단 한번 한 약속이라면 최대한 지키도록 노력해야 한다.

신뢰는 사람과의 관계에서 자발성을 기초로 하기에 문서계약과 같은 구속성은 없다. 때문에 그만큼 무너지기도 쉽다. 워런 버핏은 20년 동안 쌓은 신뢰도 5분 만에 무너질 수 있다고 경고했다. 신뢰를 받기 위해서는 지구력까지 요구된다는 뜻이다.

강조하지만 신뢰는 보이지 않는 것을 믿게 하는 무형의 힘이다. 설득은 위협보다 강하고, 신뢰는 설득보다 강하다. 바로 이 힘이 당신을 성공하는 사람으로 이끌 것이다.

3

불황에
더욱 **빛을 발하는**
시스템형 인간

시스템은 어떻게
만들어지는가?

　　　　　　　　　　　　1986년 모토로라의 엔지니어 빌 스미
스는 품질 불량의 원인을 찾아 해결하기 위해 '6시그마'라는 품질개
선 방법을 정립했다. 6시그마를 활용한 결과, 100만 개의 물품 중 불
량품은 서너 개에 그쳤다. 거의 완벽에 가까운 성과였다.

　6시그마는 정의, 측정, 분석, 개선, 관리와 같은 5단계 방식으로 이
루어진다. 인생의 시스템 설계에도 이를 도입해 활용할 수 있다.

정의 단계 : 목표를 세워라

　미국의 한 연구소는 1953년에 예일 대학교 졸업생을 대상으로 '목
표를 기록해두었을 때의 효과'를 주제로 설문조사를 실시한 적이 있다.

　설문결과 인생의 목표를 설정하고 그것을 기록으로 남겨둔 학생은
단 3%에 불과했다. 97%의 학생은 아예 목표가 없었거나 목표는 있지

만 기록으로 남기지 않았다.

그로부터 20년이 지난 1973년에 이 연구소는 그 당시 설문조사에 임했던 학생들을 추적해 다시 설문조사를 실시했다. 그 결과 인생목표를 기록해두었던 3%의 졸업생들의 총소득이 나머지 97%의 졸업생들이 올린 총소득보다 더 많았다. 또한 3%의 졸업생들은 각계각층에서 성공의 반열에 올라 있었다.

이 실험을 통해 우리는 '목표를 가지고 그것을 기록해두는 것'이 얼마나 중요한 일인지 알 수 있다. 실제로 성공한 사람들의 대부분은 어렸을 때부터 구체적인 목표를 가지고 자신의 인생계획을 체계적으로 세웠던 사람들이다.

목표는 사람을 움직이게 하는 힘이며, 꿈을 현실화시키는 에너지원이다. 목표가 있는 사람과 그렇지 않은 사람은 자기관리에서부터 차이가 난다. 목표가 있는 사람은 자신의 목표를 달성하기 위해 시스템을 가동시키지만 목표가 없는 사람은 그냥 되는 대로 살아간다.

성공을 원한다면 성공의 목표를 세우되 꼭 문서화해야 한다는 것을 명심하라. 머릿속에서 생각하는 것만으로는 목표를 구체적으로 형상화할 수 없다. 최종목표는 되도록 크게 가지고 최종을 향해가는 길에는 구체적이면서도 단계별로 목표를 설정하는 것이 좋다.

측정 단계 : 자신의 위치를 정확하게 파악하라

주식투자를 하더라도 주식에 대한 기본적 분석, 기술적 분석, 경제의 흐름, 대내외 여건 등의 현실을 정확하게 파악하고 있어야 한다. 시장의 흐름을 파악하지 못한다면 주식에서 실패를 맛볼 수밖에 없다.

사람도 마찬가지다. 자신이 정확하게 무엇을 원하고 있는지, 무엇을 하고 싶은지, 혹은 무엇을 갖고 있고, 또 무엇을 갖고 있지 않은지 등과 같은 상황을 제대로 파악해야 자신을 개선해나가거나 발전시킬 수 있다.

자신을 똑바로 쳐다본다는 것은 어떤 면에서는 괴로운 일이다. 자신의 부족한 점까지 세세하게 파악하고 인정해야 하기 때문이다. 그러나 지금 현재에 만족하고 머물지 않으려면 집요하다 싶을 정도로 자신에 대한 정확한 분석이 선행되어야 한다. 정확한 분석 없이는 원인파악도 개선도 있을 수 없다.

분석 단계 : 원인을 살펴라

모든 일에는 진원지가 있다. 이를테면 성적이 좋은 학생은 평소 열심히 공부했기 때문이고, 외국어에 능통한 사람은 평소 어학공부에 관심이 많았기 때문이다. 빚이 많은 사람은 자신의 수입보다 지출이 많았던 것이고, 지식이 부족한 사람은 평소 독서를 게을리했기 때문이다. 긍정적인 결과든 부정적인 결과든 인생의 모든 결과에는 분명한 원인이 존재한다.

자신의 일이 잘 진행되지 않았다거나 좋지 못한 결과가 반복된다면 그렇게 된 원인부터 찾아야 한다. 아침잠이 많지는 않은지, 시간관리를 비효율적으로 하지는 않는지와 같은 원인들을 찾아낸다면 다음 단계인 개선을 훨씬 유용하게 정리해나갈 수 있다.

개선 단계 : 성공하는 사람의 생활습관으로 전환시켜라

시스템을 세우는 가장 큰 목적은 자신의 생활을 체계적으로 운영해 리스크를 줄여 성공적인 삶을 살기 위해서다. 측정과 분석 단계에서 자신을 파악해 나쁜 결과를 만든 원인을 찾아냈다면 이제는 자신의 습관을 수정하고 개선할 차례다.

수정과 개선은 시스템의 구체적인 계획에 해당이 된다. 시간관리를 비효율적으로 했다면 아침 시간이나 자투리 시간을 활용할 수 있도록 계획을 세우고, 또한 평소 부족한 상식으로 일이나 사람과의 관계에 있어서 불편한 점이 많았다면 독서시간을 정해놓는다.

부족한 점은 채워넣고, 지양해야 할 점은 제거하는 것이 바로 개선 단계다. 이 단계에서 최대의 효과를 발휘하려면 반드시 실천이 뒤따라야 한다. 때문에 자신이 지킬 수 있는 계획부터 차근차근 세우는 것이 중요하다.

관리 단계 : 꾸준하고 성실하게 시스템을 관리하라

아침형 인간으로 거듭나기 위해 오전 5시에 기상하기로 했다. 그런데 2~3일 정도 시도해보다가 다시 평소처럼 늦잠 자는 습관으로 돌아간다면 곤란하다.

약속은 지키기 위해 하는 것이다. 물론 '지키는 과정'은 고단하고 힘들다. 그러나 그 정도의 인내와 끈기도 없이 성공을 꿈꾸었는가. 끈질기게 자신과의 약속을 지키고자 노력하는 자세가 절대적으로 필요하다.

공자는 "이 세상의 모든 문제는 하늘에 있는 것도 아니요, 땅에 있는 것도 아닌 내게 있더라"라고 자신의 깨달음을 말했다. 성공한 사람들은 실패의 요인을 자신에게서 찾는다. 자신을 먼저 보고 분석하고 개선해야만 같은 실패를 두 번 반복하지 않기 때문이다. 그러나 대부분의 사람들은 자기 자신에게 지나칠 정도로 관대하다. 자기반성을 한답시고 자기 합리화를 한다거나 실패의 요인을 외부에서 찾는다.

성공은 자신과의 싸움에서 이기는 자만이 가질 수 있는 전리품이다. 자신과의 싸움에서 이기려면 제갈공명 같은 군사의 전략이 필요하다. 전략을 세우고 싸움에 임하는 사람과 그렇지 않은 사람의 승부는 불 보듯 뻔하다.

자신의 시스템을 세워라. 시스템은 당신을 성공으로 이끄는 가장 뛰어난 전략이다.

탁월한 재능이 없다면
탁월한 시스템을 익혀라

　　　　　　　　　떨어지는 물이 바윗돌을 뚫는다는 말이 있다. 아무리 작은 힘이라도 오랫동안 꾸준히 실천하면 불가능한 것까지도 변화시킬 수 있다는 뜻이다. 그러나 많은 사람들은 그것을 믿으려고 하지 않는다. 타고난 운명이기에 이대로 살 수밖에 없다고 자포자기한다.

운명運命에서 운運은 '옮길 운'이다. 풀이를 하자면, '자신의 명을 옮긴다'이다. 명命은 정해져 있는 것이 아니라 막 잡은 생선처럼 팔딱팔딱 뛰는 것이다. 그것이 운명이다.

운명을 옮길 수 있다고 생각하는 사람은 운명을 변화시킬 수 있지만 그렇지 못한 사람은 자신이 만든 한계 속에 머물 수밖에 없다. 즉 당신이 어떤 마음을 어떻게 먹느냐에 따라 결과는 달라진다. 왜 그런가. 마음은 사람을 움직이는 힘으로 작용하기 때문이다. 그 힘이 바로 노력의 과정에서 나타난다.

우리 인생에서 노력이 아무 힘도 발휘하지 못한다면 무슨 재미로 살겠는가. 에디슨은 천재는 1%의 영감과 99%의 노력으로 이루어진 다고 했다. 노력하지 않는 천재는 빠른 출발을 할 수는 있지만 결승점 에 도달하지는 못한다. 결승점에 도달하는 사람은 재능이 있는 사람 이 아니라 끈기 있게 달리는 사람이기 때문이다.

이러한 노력을 합리적으로 만들어주는 게 시스템이다.

목표를 설정하고, 자신을 분석하고, 원인을 제거하고, 개선방법까 지 알아낸다. 그러나 그것만으로는 부족하다. 잘 짠 계획이 완벽하게 되려면 계획표에 있는 것을 그대로 실행에 옮겨야 한다.

처음에는 실천하는 것이 어려울 수도 있다. 그러나 당신은 분명한 목표를 가지고 있다. 그 목표를 이루기 위해 첫 발을 떼면 두 번째 세 번째는 훨씬 쉬워진다. 그렇게 하나하나 노력해서 개선해나가는 것이 습관화다.

새벽 5시에 일어나는 시스템을 계획했다고 하자. 그런데 일찍 일어 나는 게 힘들다면 처음부터 욕심을 낼 필요는 없다. 무리하고 성급하 게 목표를 설정하다보면 그 자체가 무용지물로 될 수 있다. 처음 한 달 동안은 평소 자신이 일어나는 시간에서 10분 정도 앞당기는 것부터 시작해보자. 그리고 그 다음 달은 전달보다 10분 일찍 일어나도록 하 고, 그 다음 달도 마찬가지로 10분 더 일찍 일어나도록 한다. 여기에 서 중요한 것은 10분 일찍 일어나기로 한 자신과의 약속을 무조건 지 켜야 한다는 것이다.

자전거 타는 법을 배울 때 처음 배우기가 어렵지 한번 배우고 나면 온몸이 기억해낸다. 기상습관도 마찬가지다. 조금씩 시간을 앞당기다 보면 새벽 5시면 어김없이 당신을 깨우는 바디 알람이 생성될 것이다.

시스템을 익힌 사람은 성실하다. 매일 새벽 5시에 일어나기로 한 계획은 이제 계획이 아니다. 그것은 자신의 삶에서 떼려야 뗄 수 없는 습관이다. 자투리 시간을 활용하기로 한 계획은 자신이 가장 즐기는 시간이 된다. 소비를 줄이고 저축을 하기로 비장한 각오를 세운 뒤 실천한다면 당신은 검소한 사람으로 바뀌어간다. 처음에는 계획에 불과한 것이 어느 사이에 자신의 습관으로 자리잡아 가는 것이다.

능력이 있는 사람은 다른 사람보다 한발 앞서나갈 수 있다. 그러나 시스템을 가지고 운영하는 사람은 열 발 이상을 앞서나간다. 시스템을 익혔다는 것은 바로 자신과의 싸움에서 이겼다는 것을 의미한다. 자신을 어떻게 관리하느냐에 따라 성공의 길은 달라진다는 것을 명심하라.

목표를 계산하고
입력하라

목표는 모든 사람이 세울 수 있다. 그러나 누구나 이룰 수는 없다. 목표를 현실로 만드는 것과 꿈에 불과한 일로 만드는 것은 목표의 전략 차이 때문이다. 목표를 가질 때에는 전략이 필요 없지만 목표를 이루기 위해서는 전략이 필요하다. 목표를 현실로 만드는 사람들은 바로 그 전략을 사용한 사람들이다.

전략을 질문으로 대체해보면 다음의 다섯 가지가 나온다.

첫째, 목표가 분명하고 구체적인가?

둘째, 목표에 대한 확신과 자신감을 가지고 있는가?

셋째, 목표를 단계별로 만든 적이 있는가?

넷째, 목표를 기록한 적은 있는가?

다섯째, 목표를 다른 사람들에게 말한 적이 있는가?

이 중 어떤 것도 해당되지 않는다면 당신은 목표만 가지고 있을 뿐 그 목표를 이루기 위한 전략은 갖고 있지 못한 것이다. 만약 두 가지나 세 가지 정도만 해당이 되어도 결과는 마찬가지다.

성공은 목표를 명확히 하는 데서 시작된다. 분명하고 구체적으로 설정한 목표는 과녁판에 그치는 것이 아니라 정중앙 10점이 되는 것이다. 화살이 가야 할 방향이 모호하다면 활시위를 당길 수 없다. 막연히 "성공하는 게 목표다"가 아니라 무엇으로 어떻게 어떤 분야에서 성공하고 싶다는 그림을 구체적으로 그려야 한다.

그 다음으로 중요한 것은 목표를 이룰 수 있다는 확신이다. 확신이 없는 목표는 소원에 불과하다. 자기 자신이 이룰 수 없다고 생각한다면 당연히 그 목표를 이룰 수 없다. 사람은 생각대로 이루어진다. 그렇게 될 수 있다고 생각하면 그렇게 될 수 있다. 그 이유는 그렇게 될 수 있다는 확신이 당신을 움직이게 만들기 때문이다.

정확한 목표를 세우고 확신을 가지고 있다면 목표를 단계별로 설정하라. 한 걸음에 천 리 길을 갈 수 없다. 그런데도 천 리를 못 갔다고 자책하는 건 어리석은 행동이다. 큰 목표를 이루기 위해 선행되어야 할 것은 작은 목표부터 순차적으로 밟아가는 것이다. 작은 목표를 하나씩 하나씩 이루다보면 저 멀리 있는 큰 목표도 가깝게 느껴질 것이다.

목표구배目標-勾配라는 말이 있다. 목표에 가까워질수록 반응의 효과가 증가한다는 뜻이다. 즉, 목표에 가까워질수록 오류가 줄어들고 속도는 빨라지게 된다. 따라서 그동안의 노력에 대한 성취감을 맛볼 수 있다는 것이다. 한번 맛본 성취감은 다음 목표로 넘어가게 하는 원동력이 된다.

목표를 머릿속에 입력시키는 것과 종이에 기록하는 것은 작은 차이다. 하지만 그 차이가 엄청난 결과를 만들어낸다는 것을 명심하라. 종이에 쓰는 것은 단지 잊지 않기 위해서가 아니다. 목표를 글로 써서 보다 구체적으로 형상화시키기 위해서다. 또한 문서처럼 자기와의 약속을 정식으로 객관화하는 효과를 갖기 위해서다.

그 다음으로 할 일은 목표를 타인과의 약속으로 만드는 것이다. 주위 사람들에게 자신의 목표를 말하라. 최대한 겸손하지만 확신을 가지고 말하는 것이 중요하다. 말은 한번 뱉어내면 주워 담을 수 없다. 말에는 책임이 따르기 마련이고, 책임을 지기 위해서라도 노력을 하게 되어 있다. 말을 꼭 해야 하는 이유는 자신의 말이 공수표가 되는 것을 막기 위한 장치를 만드는 것이다. 때문에 올해 안에 영어를 마스터하겠다고 말을 했다면 꼭 해내는 것이 중요하다.

앤드류 카네기는 13살 때부터 가족의 생계를 책임지는 가장의 역할을 맡아야 했지만 한편으로는 큰 기업의 CEO가 되는 목표를 가지고 있었다. 전보 사무실에서 사환으로 일하면서도 그는 독학으로 전신공부를 해 정식사원으로 승진했다. 그 후 성실함을 인정받아 철도회사의 전신원으로 스카우트되었다. 그는 그곳에서도 CEO 정신을 잃지 않았다. 1년을 독학으로 공부해 복잡한 철도 운영방식을 완벽하게 익혔다.

앤드류 카네기는 자신의 목표를 이루기 위해 단계별로 실천해나갔던 것이다. 그를 아는 다른 사람들은 어렵게 살아가는 그가 철강 재벌이 되리라고 생각도 못했을 것이다. 그러나 그는 자신이 큰 기업의

CEO가 될 수 있다는 것을 단 한 번도 의심한 적이 없다.

그는 자신이 원하는 것이 무엇인지를 정확히 알고 있었고, 그것을 얻기 위해 무엇을 해야 하는지도 명확하게 알고 있었다.

정확하고 구체적인 목표는 당신이 생각한 것 이상으로 큰 힘을 발휘하도록 만든다. 이유는 그것이 당신의 열정과 행동력을 이끌어내기 때문이다.

자동화된
인생관리 시스템을 만들어라

영국의 사상가 사무엘 스마일스는 "습관은 나무껍질에 새겨놓은 문장과 같아서 그 나무가 자라남에 따라 확대된다"고 말했다. 시스템을 자동화한다는 것은 이미 그 사람의 몸 안에 시스템이 새겨져 있음을 뜻한다.

한번 새겨진 시스템은 어떤 일이든지 할 수 있는 마법과도 같다. 그러나 시스템을 만들어놓기만 하고 활용하지 못한다면 무슨 소용이겠는가? 또한 시스템이 고장 난 기계와 같으면 그 역시 큰 힘을 발휘할 수 없다. 인생관리 시스템을 자신이 원하는 대로 자유자재로 활용할 수 있도록 '시스템의 자동화'가 필요하다.

'자동화된 인생관리 시스템'을 유지하기 위해 지켜야 하는 조건은 세 가지다.

첫째, 정확성

둘째, 성실성

셋째, 실천성

첫째, 정확성은 '시간관리'와 '말의 약속'과 관련 있다. 시간관리는 자기 자신의 시간관리뿐 아니라 타인과의 시간 약속까지도 포함한다. 시간은 금이라고 했다. 금을 흘리고 다니는 사람은 아마도 없을 것이다. 시간도 마찬가지다. 자신의 생활 속에서 시간을 흘리고 다니지 않으려면 자신과의 약속을 철저하게 지켜야 한다. "저 사람은 시간 약속을 철저하게 지키는 사람이다"라는 말을 들을 정도로 시간 약속은 정확해야 한다. 약속시간에 허덕이며 나타나는 사람은 다른 사람에게 신뢰를 주지 못한다. 어떤 직종의 일을 하든 신뢰는 기본이다. 시간약속을 잘 지키지 않는 사람은 다른 일도 잘할 수 없다. 기본이 없기 때문이다.

말에는 항상 책임이 따른다. 따라서 자신이 책임지지 못할 말, 상대를 불쾌하게 하는 말을 하지 않도록 주의한다. 한마디의 말을 하더라도 먼저 그것이 옳고 그른지를 판단하는 습관을 들이도록 하자.

둘째, 성실성은 '부지런함'과 관련이 깊다. 부지런함은 '자신과의 싸움'을 동반한다. 머리로는 부지런하게 움직여야만 성공할 수 있다고 부추기지만 마음속에서는 게으름을 부추긴다. 좀 더 자고 싶다, 좀 더 놀고 싶다, 좀 더 하고 싶다와 같은 유혹을 이겨내기 위해서는 자기 자신을 채찍질하는 수밖에 없다. 그러나 자동화된 성실성은 자기 자신과의 싸움을 그리 많이 필요로 하지 않는다. 물론, 성실성을 몸에 새기기까지의 과정은 어렵고 힘들다. 그러나 세상의 그 어떤 것도 공짜는 없다는 것을 인정하고, 자신이 원하는 것을 얻기 위해서는 당연히 밟아야 할 과정이라는 것을 기억하라.

셋째, 실천성은 '끊임없는 노력'과 관련 된다. 일단 자신이 한 결심은 무조건 실천에 옮겨야 한다. 매일 새벽 5시에 일어나기로 했다면 무슨 일이 있어도 새벽 5시에 일어나야 한다. 경제 분야 서적을 10권 읽겠다고 다짐했으면 반드시 읽는다. 한번 시작을 했으면 끝장을 보겠다는 근성을 가지고 중간에 멈추는 일이 없도록 하자.

정확성, 성실성, 실천성은 '자동화된 인생 시스템'을 작동시키는 원동력이다. 자신의 분야에서 최고의 전문가가 되고, 자신의 미래 가치를 높이기 위해서는 '자동화된 인생 시스템'을 단 하루도 멈추지 말고 가동시키는 것이 중요하다.

핵심역량을
창의구상력에 집중하라

우리나라는 높은 교육수준으로 인해 다른 나라에 비해 고학력자가 많은 편이다. 그러나 고학력자들이 적재적소에 쓰이거나 자신의 높은 퀄리티가 능력으로 모두 발휘되지는 못한다. 이유는 간단하다. 학력과 능력은 비례하지 않기 때문이다. 아무리 높은 학력이라도 시스템을 운영하는 사람의 능력을 따라갈 수 없다. 다시 말해서 그보다 뛰어난 사람은 자신의 능력을 창의구상력에 집중시킬 수 있는 사람이라는 뜻이다.

'창의구상력'이 무엇인지 생소한 사람도 있을 것이다. '창의구상력'은 새로운 것을 발상하고 실행하는 능력을 일컫는다. 21세기 글로벌 경쟁 전략가 오마에 겐이치는 인터뷰에서 '구상력'이 무엇인지를 정확하게 밝힌 바 있다.

"구상력이란 눈에 보이지 않는 사물의 본질을 파악하는 '전체적인 사고능력'과 '새로운 것을 발상하고 실행해나가는 능력'을 말한다. 따라서 구상력을 기르기 위해서는 다른 사람들이 생각할 수 없는 것을 찾아내어 실현해가는 집념이 중요하다. 그러나 한국과 일본의 학교 교육은 처음부터 정답만을 가르친다. 과거에는 유럽과 미국이 정답이 었고, 이를 빨리 배우는 사람이 승리했다.

'선생先生'이라는 말은 먼저 태어나서 정답을 안다는 뜻을 갖고 있지만, 오늘날에는 먼저 태어난 사람의 생각이 낡았을 뿐만 아니라, 잘못 알고 있을 가능성이 많다는 것을 뜻한다.

오늘날은 정답이 없는 시대인 만큼 '걸물', '걸작'인 개인을 길러내는 것이 중요하다. 한국이나 일본의 교육 시스템은 지금까지 대량생산 시대에 필요한 인재들을 길러냈다. 앞으로는 아무리 그런 인간을 육성한다 해도 저 멀리 앞서간 중국이나 인도를 따라잡을 수는 없다.

그 누구도 생각하지 못한 것을 생각해내고, 불가능하다고 여겼던 것을 실현해내는 사람이 나타나지 않는다면 새로운 경제나 삶의 방식은 탄생되지 못할 것이다."

'오마에 겐이치'의 인터뷰가 시사한 바는 크게 두 가지다. 하나는 우리 사회에 어떤 인재상이 필요한지를 정확하게 예측해 제시해주었고, 다른 하나는 개인이 지녀야 할 능력의 방향성을 보여주었다.

모든 사람이 생각하고 있는 것을 생각하고, 모든 사람이 행동하고 있는 것을 행동해서는 결코 다른 사람을 앞서나갈 수 없다. 남이 생각해내지 못한 새로운 것을 생각해낼 줄 알아야 하며, 또한 그것을 현실화할 수 있는 구상력을 갖추고 있어야 당신이 설계한 성공의 길로 비로소 들어설 수 있다.

Part 2

시스템을 만드는
창의구상력

1

당신을 새롭게 할
창의구상력

정보화 시대,
초일류 인재의 조건

　　미래학자 앨빈 토플러는 정보화 시대를 '제3의 물결'이라 표현했다. 그는 '변화의 가속'이 있는 이 시대에서 살아남기 위해서는 새롭고 종합적인 세계관이 필요하다고 주장한다. 하나의 상황을 다각도로 볼 줄 알아야 전체적인 흐름을 파악할 수 있다는 것이다.

　　정보화 시대를 이끌어가는 주역은 '변화의 속도'를 즐길 줄 아는 사람이다. 변화가 시작되기 전에 변화의 징조를 알아차리고, 현재와 미래의 흐름까지 파악해놓기 때문에 미래를 준비할 수 있는 것이다. 준비된 자는 미래를 두려워하지 않는다. 오히려 당당히 미래를 맞이한다.

　　따라서 정보에 뒤처지는 사람은 정보화 시대에 살아남을 수 없다. 이는 비단 개인에게만 해당되는 것이 아니다. 작은 조직이든 큰 조직이든 정보에 뒤처지는 조직은 경쟁에서 이길 수 없다. 때문에 어떤 조직이든 정보화 시대에 잘 대처해나갈 줄 아는 인재를 요구하는 것이다.

그렇다면 정보화 시대에 주역으로 살아갈 인재의 최우선의 조건은 무엇인가. 그것은 바로 성실함이다. 성실함은 가장 기본적인 조건으로, 인재가 되기 위해서는 반드시 바탕에 깔려 있어야 한다. 제아무리 강한 씨앗이라도 생물이 자라는데 기본적인 환경도 갖추지 못한 사막에서는 꽃을 피울 수 없는 것과 같은 이치다.

이런 성실함을 채우기 위해서는 부지런한 자세가 필요하다. 바로 '부지런함'이다. 게으른 사람은 성공할 수 없다. 게으른 사람은 자신의 게으름을 정당화하기에 바쁘다. "어제 좀 일했으니 오늘은 쉬어도 괜찮겠지", "당장 급한 것이 아니니 미뤄도 되겠지" 등등과 같은 말들로 자기위안을 삼는다. 그럴 수 있는 이유는 목표가 없기 때문이다.

목표가 있는 사람은 단 10분도 헛되이 보내지 않는다. 자신의 목표에 도달하기 위해서 끊임없이 노력해야 한다는 것을 알기 때문이다. 부지런한 땅은 기름지다. 기름진 땅에 주어야 하는 것은 유능함이다.

성실은 하지만 유능하지 못하다는 소리를 듣는 사람은 그냥 좋은 사람일 뿐이다. 유능은 자신의 분야에서 최고가 되는 것이다. 실제로 최고가 된다는 것은 결코 쉬운 일이 아니다. 하지만 5년 후, 혹은 10년 후 최고가 되겠다는 생각을 하고 그것을 위해 노력한다면 최고 수준에 도달할 수 있다. 최고가 되고 싶다는 진심과 간절함이 없으면 경쟁력은 상대적으로 떨어진다. 스스로의 몸값을 낮추는 결과를 초래하는 것이다. 무언가가 되고자 간절히 바라는 사람은 그렇지 않은 사람보다 한 발 앞서나갈 수밖에 없다. 간절함은 사람을 움직이게 하는 힘이다. 어느 분야를 보더라도 그 분야의 최고가 된 사람들은 혼신의 노력을 다한 사람들이다.

한 분야에서 최고의 전문성을 갖춘 사람은 절대 지지 않는 경쟁력을 지닌다. 그러나 염두에 두어야 할 것이 있다. 그것은 한국뿐 아니라 세계 각지로 자신의 영역을 확장시키고자 노력하는 자세를 가져야 한다는 것이다. 정보화 시대는 세계화를 앞당겼다. 어느 분야든 해외까지 뻗어나갈 수 있는 길이 열려 있다.

정보화 시대에서의 정보는 강력한 무기이자 보물이다. 따라서 전문성을 확보하는 것과 동시에 국내외 경제의 흐름을 파악하고 있어야 한다. 정보가 부족한 사람은 움직이고 싶어도 움직이지 못한다. 반면 정보가 빠른 사람은 다른 사람보다도 더 빨리 움직일 수 있으며 더 많은 것을 얻어낼 수 있다. 경제의 흐름을 파악한다는 것은 기업의 움직임, 기업이 뿌리 내리고 있는 그 사회의 분위기까지 파악한다는 뜻이다. 그러다보니 경영학에 대한 관심도 자연스럽게 가질 수밖에 없다.

경영은 경제의 3대 주체인 기업, 가계, 정부 중에서 기업에 대한 운영방식이기 때문이다. 경영학을 아는 것은 자신의 경쟁력을 높이는 것이다. 자신이 일하는 분야가 나무라면 자신이 소속되어 있는 직장은 숲이다. 나무에 대해서는 모든 것을 알고 있으면서 숲의 전체 그림을 모른다는 것은 곤란하다. 회사 전체의 경영에 대한 이해를 가지고 있는 사람은 자신의 분야에서도 효율성을 극대화시킬 수 있어야 한다.

마지막으로 하나 이상의 외국어를 구사할 수 있어야 한다. 세계적으로 가장 유용한 언어는 영어다. 인터넷 정보의 약 90% 이상이 영어로 되어 있기에 정보의 획득과 활용을 위해서라도 영어의 습득은 필수적이다.

다시 말하지만 정보화 시대에서 필요로 하는 가치는 빠른 변화에 대한 적응력이다. 순발력이 없으면 롤러코스터처럼 움직이는 시대를 따라 잡을 수 없다. 그러나 그 순발력도 준비된 사람만이 발휘할 수 있다. 성실과 유능을 양손에 들고, 경제와 경영의 이해도를 높이고, 외국어 구사 능력을 갖춘 사람은 어떤 상황이 닥쳐와도 당황하거나 밀리지 않는다. 인재는 하늘이 주는 것이 아니다. 본인의 노력으로 인재가 될 수 있다는 것을 명심하자.

경기에서 이기려면
벤치마킹만으로는 어렵다

성공으로 가는 가장 쉬운 방법은 '성공한 사람'을 벤치마킹하는 것이다. 능력 있는 사람을 가까이 하고 그들에게서 배우려고 노력할 때, 성공의 가능성은 높아진다.

필자는 책이나 강의를 통해 멘토를 찾아내고 그를 벤치마킹하는 것이 얼마나 중요한 일인지 강조해왔다. 우리가 우리의 인생에 도전장을 내민 뒤 새로운 길을 개척해나갈 때 고통이 뒤따르게 된다. 그럴 때마다 잡아줄 스승이 필요하다. 주위에 그러한 멘토가 없을 때는 성공신화를 만들어낸 사람들의 가치관과 생활습관을 벤치마킹하는 것도 하나의 방법이다.

벤치마킹의 가장 큰 유용성은 시행착오를 줄이는 데 있다. 밑그림이 없어 충분히 헤맬 수 있는 길을 벤치마킹을 통해 보다 빠르고 안전하게 찾을 수 있는 것이다.

그러나 경기에서 이기고자 한다면 벤치마킹만으로는 어렵다. 청출어람靑出於藍이 되어야 한다. 청출어람은 스승을 본받고 따라하는 것에서 시작하지만 스승보다 나은 존재가 되는 것이다. 모방은 늘 한계가 있기 마련이다. 모방을 넘어서 청출어람이 되려면 자신만의 '퍼스널 브랜드'가 필요하다.

'퍼스널 브랜드'는 전문성과 독특한 이미지를 갖추었을 때 비로소 구축할 수 있다. 조직에서든 외부에서든 누가 보든 "저 사람은 성공할 수밖에 없겠구나"라는 이미지를 구축해둔다면 성공은 당연히 따라올 수밖에 없다.

퍼스널 브랜드를 갖추기 위해 당신은 네 가지 단계를 거쳐야 한다.

자신의 고유 영역을 찾아라

누구나 하는 것을 해서는 앞서나가기 어렵다. 다른 사람들이 쉽게 건드리지 못하는 영역에 눈을 돌려 자신만이 할 수 있는 것을 찾아내는 것이 중요하다.

노하우를 구축하기 위한 계획을 세워라

고유 영역을 찾았다면 그것을 자신만의 것으로 만드는 과정이 필요하다. 어떤 전략을 수립하고 어떤 노력을 해야 하는지를 정해야 한다.

노하우를 구축하기 위해 실천하라

이 단계는 계획대로 실천해야 하는 단계다. 누구나 하지 않는 것이기에 실천과정에서 많은 시행착오를 겪을 수도 있다. 그러나 그러한 과정을 끈질기게 이겨낸 사람만이 자신의 퍼스널 브랜드를 구축할 수 있다.

퍼스널 브랜드를 홍보하라

여타 기업의 광고처럼 매체를 통해 광고하라는 뜻이 아니다. 자신의 브랜드 가치는 능력이 발휘되는 가운데 자연스럽게 다른 사람에게 인지된다. '퍼스널 브랜드'를 실행하는 것이 자기홍보 방법이다.

'퍼스널 브랜드'를 완성시키는 것은 '좋은 인간관계'를 보여주는 것이다. 아무리 뛰어나고 창의적인 능력을 지녔어도 인간관계를 소홀히 하는 사람은 자신의 역량을 발휘할 수 있는 기회를 갖지 못한다. '브랜드'는 이미지다. 제품을 선택할 때도 이왕이면 이미지가 좋은 기업의 것을 구입한다. TV를 볼 때 싫어하는 연예인이 나오면 채널을 돌린다. 이미지에 따라 상품이나 연예인에 대한 호감도가 결정되는 것이다. 그것은 '퍼스널 브랜드'에도 해당된다. 그 사람의 '이미지'가 '퍼스널 브랜드'의 힘을 결정하기 때문이다.

퍼스널 브랜드는 개인 경쟁력을 높이는 무형의 자산이다. 유형의 자산은 상황에 따라 사라질 수도 있지만 무형의 자산은 사라질 위험이 없다. '퍼스널 브랜드'는 당신을 성공으로 이끄는 강력한 기반임을 잊지 마라.

밑바닥부터
다시 설계하라

'다시 태어나면'이라는 전제를 가지고 자신이 원하는 삶을 꿈꾸는 사람들이 있다. "다시 태어나면 이렇게 살지 말아야지, 다시 태어나면 저렇게 살아야지"와 같은 말을 아무렇지도 않게 뱉어내는 것이다. 현생을 살면서 왜 내세를 꿈꾸는가. 다시 태어난다면 살고 싶다고 생각한 그 꿈을 현재 꾸지 않는 이유는 무엇인가. 다시 태어날 수도 있지만 아닐 수도 있다. 다시 태어난다고 해서 지금 당신이 원하는 삶을 그때도 원할지는 알 수 없다. 당신이 원하는 삶을 실현할 수 있는 곳은 바로 당신이 살고 있는 지금의 세상이다.

'다시 태어나면'을 꿈꾸기보다 지금의 당신을 바꾸는 것이 훨씬 현실적이며 가치가 있다. 사실, 자신을 다시 설계한다는 것은 쉬운 일이 아니다. "세 살 버릇이 여든까지 간다"는 말도 있지 않은가. 그러나 다시 태어나는 것보다 그 버릇을 고치는 것이 훨씬 쉬울 것이다. 무엇보다도 성공하기를 원한다면 환골탈태의 과정을 한 번쯤은 겪어야 한다. 그 정도의 마음가짐도 없이 성공을 꿈꾼다는 건 말 그대로 꿈을 꾸는 것일 뿐이다.

자신을 재설계하기 위해 가장 먼저 시행해야 하는 것은 건강관리다. 건강관리는 자기관리의 기본이다. 고장 난 하드웨어를 다시 세팅하기 힘든 것처럼 체력이 따라주지 않으면 설계를 할 수가 없다. 자신에 대한 설계는 실행을 동반한다. 건강한 체력이 없으면 실행하는 데 지장을 줄 수 있다. 실제로 열심히 노력하여 성공의 고지가 눈앞에 있는데도 체력이 받쳐주지 않아 중간에 포기하는 사람들도 적지 않다.

건강한 체력은 꾸준한 운동을 필요로 한다. 꾸준한 운동은 건강한 체력을 가져다줄 뿐 아니라 자신과의 싸움에서 승리감을 맛보게 해준다. 운동을 하기 위해 꼭 헬스클럽이나 스포츠센터를 다닐 필요는 없다. 매일 아침 단 10분이라도 지속적으로 운동하는 습관을 들이는 것이 중요하다. 아침운동을 하게 되면 원하는 방향으로 정신통일을 할수도 있고, 그날 해야 할 일을 꼭 성취하고 말겠다는 다짐을 할 수도 있다. 무엇보다 아침운동을 하고 집을 나서는 사람의 얼굴에서는 생기와 자신감이 넘쳐흐른다.

건강관리와 함께 정신을 새롭게 정립하는 것도 중요하다. 사람에게는 잠재된 능력이 있다고 앞에서 말했다. 하지만 대부분의 사람들은 자신의 능력을 100분의 1도 끌어내지 못한다. 자신을 과소평가하기 때문이다. 자기 안에 잠자고 있는 거인을 흔들어 깨우기 위해 매일 아침 큰 소리로 주문을 외워보라.

"나는 할 수 있다. 나는 반드시 성공한다."

말의 힘은 당신이 생각한 이상으로 크고 세다. 말은 씨를 뿌려준다. 당신은 할 수 있다. 해내지 못할 아무런 이유가 없다. 당신의 정신에 자신감을 입력시켜라.

육체와 정신을 세팅했다면 이미지 관리에 힘을 쓰도록 노력하라. 이미지 관리는 삶을 대하는 자신의 마음이 긍정적인 에너지가 밖으로 드러나도록 하는 것이다. 이미지 관리를 잘하는 방법 중 하나는 '미인대칭'이다. 미인대칭이란 '미소 짓고 인사하고 대화하고 칭찬하는' 것을 의미한다. 이는 상대에게 호감을 줄 뿐만 아니라 자신에게도 긍정적인 마인드를 가지게 하는 습관이 될 수 있다. 즉, 미인대칭은 성공하는 사람의 중요한 경쟁력이 될 수 있음을 뜻하기 때문이다.

긍정적인 마음은 사람의 인상까지 변화시킨다. 좋은 인상은 상대방의 호감을 끌어내는 힘이 된다. 그러나 무엇보다 큰 힘은 그 어떤 난관에 부딪혀도 이겨낼 수 있다는 데 있다. 이는 '플라시보 효과'로도 설명할 수 있다. "이 약을 먹으면 내 병이 나을 수 있다"는 긍정적인 믿음이 실제로 병을 낫게 하는 것처럼 말이다.

성공하는 사람들은 성공하는 마음을 지녔고, 실패하는 사람들은 실패하는 마음을 지녔다. 성공을 원한다면 성공하는 마음을 지녀라.

역발상이 아닌
구상력이다

지금 도축장에 견학을 왔다고 가정해
보자. 도축장에서 일하는 사람들은 바쁘게 돌아다니지 않는다. 그들
은 제자리에 그대로 앉은 채 자신이 맡은 작업을 해내고 있다. 사람이
움직이는 대신 천정에 매달려 있는 고깃덩어리들이 움직이고 있기 때
문이다.

이 광경을 본 당신은 어떤 생각을 할까?

소나 돼지의 죽음을 생각해낼 수도 있겠고, 단순 노동의 고됨에 대
한 생각을 했을 수도 있다. 그런데 이 광경을 본 헨리 포드는 컨베이어
시스템이라는 아이디어를 떠올렸다. 컨베이어시스템은 컨베이어 벨
트를 깔아 부품을 쏟아내면 노동자들이 앉은자리에서 지속적으로 작
업을 하는 것이다. 이전까지의 대부분의 공장에서는 사람이 이동을
했고, 물건이 제자리를 지키고 있었다. 그 때문에 포드는 컨베이어 벨

트를 깔기만 하면 더 효율적으로 대량생산이 가능해 다른 공장보다 훨씬 높은 경쟁력을 가질 수 있을 거라고 판단했다.

그럼에도 그는 그것을 바로 실행에 옮기지 않았다. 아이디어로 끝나버렸을 수도 있는 일을 본격적으로 구상하게 된 것은 에번스가 설치한 자동 제분소를 목격한 후였다. 처음에 만든 생산시스템은 자동 제분소의 시스템과 별반 다르지 않았다. 그러나 이후, 본격적인 포드 시스템을 개발해내 드디어 대량생산의 혁신을 이루어냈다.

그 당시 도축장을 견학한 사업가는 포드만이 아니었다. 많은 사람들이 견학을 했지만 모두들 포드와 같은 발상을 했던 것은 아니다. 발상을 했다고 해도 그것을 현실화했을지는 알 수 없는 일이다. 그런데 포드는 도축장의 시스템을 보고 컨베이어시스템을 떠올렸고, 그것을 현실화했다. 그것은 포드가 구상력을 가지고 있었기에 가능한 일이다.

구상력은 아이디어를 현실적으로 실현시키는 능력이다. 제 아무리 뛰어난 발상을 했어도 구상력이 없으면 그것을 실현시킬 수 없다. 때문에 구상력의 차이는 경쟁력의 차이를 부른다.

어떤 일을 시작하든 그 일에 대한 구체적인 그림을 가지고 있으면 성공 가능성이 높을 수밖에 없다. 구체적인 대응이 가능할 뿐 아니라 실천 가능성에 대한 판단이 정확해지기 때문이다.

실천 가능한 구상력은 '비전'과 '집념'을 필요로 한다. 지금은 머릿속에 들어 있지만 그것이 현실화되었을 때 높은 가치를 지니는 것이 비전이다. 비전에 대한 확신이 있으면 그것을 현실화하는 데 집념을 발휘해야 한다.

월트 디즈니는 플로리다의 습지를 보고 디즈니월드를 생각해냈다. 월트 디즈니 자신 외에 그 어떤 사람이 그것을 현실화할 수 있었을 거라 생각하는가. 월트 디즈니가 자신의 발상을 구상화할 수 있었던 것은 습지에서 '비전'을 보았고, 충분히 현실화가 가능하다는 '집념'을 발휘했기 때문에 이루어낼 수 있었던 것이다.

뇌가 젊어지는
생활습관

        일본 NHK방송은 다큐멘터리 〈100세 청춘의 비밀 1, 2〉를 제작해 장수와 뇌의 상관관계를 밝힌 바 있다. 100세인 미우라 게이조 씨는 산악 스키를 즐겼고, 102세인 이타바시 미즈 씨는 일본 전통 무용 강사로 활약하고 있었다. 그 외에도 일본에는 100세가 넘었는데도 건강하게 사는 노인이 2만 명을 넘어 서고 있다. 더욱 놀라운 사실은 그들의 뇌 기능이 젊은 사람 못지않다는 것이다. 그들은 어떻게 젊은 뇌를 유지할 수 있었을까? 그 비밀은 그들의 생활습관에 있었다.

아침 일찍 일어나는 습관을 들여라

이른 아침은 밤 사이 수면을 취한 뇌가 가장 활발하게 활동하는 때다. 그때 운동을 하거나 공부를 하면 뇌에 적절한 자극을 주어 뇌를 운동시킨다. 또한 뇌에 신선한 공기를 넣어주기 위해 아침에 눈을 뜨자마자 창문을 열고 밖의 공기를 마시거나 가볍게 산보를 하는 것도 좋다. 독일의 철학자 칸트는 매일 새벽 5시면 어김없이 산보를 나섰다. 그의 그러한 습관은 당시 사람들의 평균 수명보다 40년을 더 살게 했다.

아침밥은 꼭 챙겨 먹어라

아침밥은 대뇌에 영향을 미친다. 아침밥을 거르면 뇌의 기능은 당연히 떨어질 수밖에 없다. 일이 아무리 바빠도 아침밥은 무조건 챙겨 먹도록 한다.

하루 6시간 이상을 숙면하라

시간을 활용한답시고 취침시간을 줄이는 사람도 있다. 어리석은 일이다. 인체 시계는 어느 정도의 수면시간을 필요로 한다. 잠이 부족하면 여유 있는 하루를 보내는 것이 아니라 피곤하고 힘든 하루를 보내게 한다. 적어도 밤 11시 이전에는 잠자리에 드는 것이 좋다. 뇌가 재생되는 시간은 밤 11시부터 새벽까지다. 이 시간에 푹 잠을 자면 피로회복이 빠르고 젊어진다. 게다가 일찍 잠자리에 들면 다음 날 아침 일찍 일어날 수 있는 효과도 있다.

뇌를 움직여라

뇌를 그냥 내버려 두지 말고 매일 움직이도록 연습해야 한다. 이를테면 일기나 감상문, 편지 등의 글을 쓰거나 책을 읽거나 생각을 하면서 뇌의 긴장감을 지속적으로 유지해나가는 것이다. 오래 사용하지 않았던 컴퓨터의 전원을 켜면 고장이 나 있는 경우가 있다. 뇌도 마찬 가지다. 한번 멈춘 것은 재가동하기 힘들다. 매일같이 뇌를 사용할 수 있는 자신만의 습관이 필요하다.

소식을 하라

100세를 넘겼어도 젊은 뇌를 유지하고 있었던 노인들 대부분이 소식을 했다는 사실이 밝혀졌다. 소식은 과식으로 생기는 활성산소를 억제하여 이로 인해 발생할 수 있는 노화를 예방한다. 또한 소식은 장 내의 음식독소를 줄여 혈액순환을 원활하게 해주고 피를 맑게 해준다. 게다가 젊은 뇌를 갖게 할 뿐 아니라 과식으로 인한 질병을 예방할 수 있는 기능도 있으니 소식을 습관화할 필요가 있다.

나이가 들면 육체가 늙듯 뇌도 늙는다고 여기는 사람들이 많다. 그러나 그것은 잘못된 생각이다. 새로운 신경세포가 발생하는 것은 성인 뇌의 특징이다. 다만 그것을 활용하지 않기 때문에 퇴화하는 것이지 뇌의 신경세포가 퇴화하는 것은 아니다. 이미 퇴화한 뇌라도 생활습관을 통해 활성화시킬 수 있다고 한다. 즉, 생활습관에 따라 활성화가 좋은 뇌로 만들어 육체에 비해 충분히 젊은 뇌를 가질 수도 있다는 말이다.

독창성은
소통에서 나온다

우리가 사는 이 사회는 인간관계에서 시작되고 인간관계로 유지된다. 영업직이든, 사무직이든, 전문직이든, 자영업이든 간에 사람이 없는 곳은 없다. 한 조사에 따르면 성공한 사람의 97%가 성공의 가장 중요한 요소로 인간관계를 꼽았다고 한다.

인적자원을 잘 네트워킹한다는 것은 최소의 비용으로 최대의 효과를 낼 수 있기 때문이다. 인적자원은 누구나 네트워킹할 수 있는 자원이지만 그 관계를 잘 다지기 위해서는 '소통의 기술'이 필요하다. 소통을 제대로 하지 못한다면 자신의 편이 되어줄 수 있는 인맥을 쌓기 어렵기 때문이다.

그런데 이 소통의 유용성은 다만 인간관계를 바람직한 방향으로 인도하는 데에만 그치지 않는다. 다른 많은 사람들의 지식과 생각을 들을 수도 있고, 또한 그것을 바탕으로 자신의 지식과 생각을 확장시킬 수도 있다.

"인간이 만든 어떤 것도 완전한 창조는 아니다"라는 말이 있다. 인간은 아무것도 없는 상태에서 무언가를 만들지 못한다는 뜻이다. 집을 짓기 위해서는 땅이 있어야 하고, 옷을 만들기 위해서는 실로 만든 천이 있어야 하고, 음식을 만들기 위해서는 자연에서 생산된 동식물의 식재료가 있어야 한다. 이미 무언가 있는 상황에서 인간은 자신들이 원하는 것이나 필요한 것을 만들고 먹을 수 있는 것이다.

마찬가지다. 좁은 방안에 혼자 틀어 박혀 있다고 독창성이 나오는 것은 아니다. 소통을 통해 보다 확장된 지식과 생각이라는 원재료를 활용해야 독창성도 나온다.

소통을 통해 독창성을 이끌어내는 예로 영국 런던의 '커피 하우스'를 들 수 있다. 1650년 유대인인 야곱이 옥스퍼드에서 최초로 문을 열었던 커피 하우스는 대학 도시답게 많은 대학생들의 만남의 장소로 활용되었다. 그렇게 시작된 커피 하우스는 사람들에게 인기를 끌어 1715년에는 런던에만 2,000여 개가 생겼다고 한다.

결국 17세기와 18세기에 걸쳐 영국의 수많은 커피 하우스는 사회 각계각층의 사람들이 모여 이야기를 나누는 중요한 토론장으로 쓰였다. 그중 에드워드 로이드의 '커피 하우스'는 무역과 선박, 보험과 관련한 집중적인 토론장이었는데 훗날 같은 이름의 보험시장으로 변모했다. 그들은 그곳에서 이루어진 토론을 통해 다양한 분야의 이론에 대한 생각을 나누고, 정치적인 클럽을 형성하고, 모험적인 사업을 시작할 수 있었다.

오늘날은 이전보다 훨씬 다양한 채널을 통해 많은 사람들과 소통할 수 있는 시대다. 오프라인 공간뿐 아니라 온라인 공간에서도 풍부하고 다양한 대화를 할 수 있기 때문이다. 예전에는 일정한 사람들만이 자신의 이야기를 늘어놓거나 의견을 제시했지만, 이제는 누구나 온라인을 통해, 혹은 오프라인에서도 자신의 이야기를 거침없이 풀어놓거나 자신만의 의견을 당당하게 말한다. 즉 예전에 비해 오늘날은 상호적이면서도 재빠른 반응을 주고받을 수 있는 방식으로 발전한 것이다.

이 같은 현실로 인해 "인생은 소통이고 그것은 비즈니스다"라는 말이 훨씬 더 설득력을 얻고 있는 상황이다.

'소통'이 다양한 채널을 가지고 있는 것만큼이나 '독창성'도 다양하게 발휘될 수 있는 기회를 가졌다. 소설가 톨스토이는, "자신을 완성시키려면 정신적으로는 물론 다른 사람과의 관계도 잘 맺어야 한다. 다른 사람들과 교제를 맺지 않고 또한 다른 사람에게 영향을 미치거나 영향을 받지 않고서는 자신을 살찌워나갈 수 없기 때문이다"라는 말을 남겼다. 소통의 필요성을 강조한 이 말에서 우리가 새겨들어야 하는 것은 '소통'이 개인에게 굉장히 큰 자양분이 될 수 있다는 것이다.

자신을 완성시킬 뿐 아니라, 서로에게 영향을 주고받을 수 있다는 건 소통이 '독창성'을 발휘할 수 있는 가장 기본적인 바탕이 될 수 있다는 의미이기도 하다.

독창성은 고독이 아닌 소통에서 나온다. 때문에 보다 다양하고 많은 사람들과 만나기 위해 노력하고 심도 있는 대화를 통해 자신만의 아이디어를 이끌어내도록 귀를 기울여야 한다.

2

고정관념을 깨뜨려
다르게 생각하라 :
창의력

'가슴'으로 풀어야 할 문제에
'머리'를 쓰지 마라

"당신을 만나서 행복합니다."

사랑하는 남녀가 주고받았을 것 같은 이 문구는 모 통신사의 광고 문구다. 15초 혹은 30초라는 짧은 시간 안에 기업은 자사의 제품을 각인시키려 많은 노력을 기울인다. 그중 가장 돋보이는 것은 많은 기업들이 사람의 감성을 자극하는 콘셉트를 취하고 있다는 것이다. 이는 소비자의 감성을 자극해 구매로 이어지게 하려는 전략이다. 실제로 정보전달을 중심으로 하는 이성소구광고보다 정서적 감성을 자극하는 감성소구광고가 제품의 인지도를 높이는 경우가 많다.

인간은 20%의 이성과 80%의 감성으로 살아가는 존재라고 한다. 사람의 행동을 유발시키는 것은 기쁨, 즐거움, 분노, 고통과 같은 감성이라는 연구결과도 있다. 때문에 대부분의 RS 기업은 직원들과의 소통을 중요시하는 감성경영에 눈을 돌리고 있고, 소비자들과 감성을 나누는 제품개발에 힘쓰고 있다. 사람을 변화시키거나 설득하고 싶을 때 이성보다는 감성에 호소하는 것이 효과적이기 때문이다.

사람이 하는 모든 일에는 사람이 연관되어 있다. 기술적인 문제가 발생했다면 기술적으로 풀면 되지만 사람과의 문제는 이성적이거나 합리적인 설득만으로 해결되지 않는 경우가 많다. 이유는 사람은 제한적인 범위 내에서만 이성적이기 때문이다. 대부분의 정보는 주관적인 감성에 따라 해석하므로 상대에게 영향을 주지 못하는 사람은 제아무리 합리적인 자료를 제시하더라도 상대를 설득할 수 없다.

아리스토텔레스는 사람을 설득하기 위해서는 '에토스Ethos, 파토스Pathos, 로고스Logos'가 필요하다고 했다. 에토스는 메시지를 전달하는 사람의 인격적인 측면으로 설득에 60%의 영향을 미친다. 파토스는 공감, 연민과 같은 감정적인 측면으로 설득에 30%의 영향을 미친다. 로고스는 논리적 근거나 실증적인 데이터 제시 등으로 설득에 10%의 영향을 미친다.

이는, 호감이나 신뢰도가 높은 사람이 상대방의 감정에 호소하며 논리적인 근거를 제시해야 효과적인 설득이 가능하다는 것을 보여준다. 멀리 갈 것도 없이 자기 자신만 눈여겨봐도 사람은 이성보다는 감성에 의존적인 것을 알 수 있다. 대부분의 사람은 이성보다는 감성적으로 판단한다. 따라서 그 점에 유의하고 매사에 합리적이고 현명한 판단을 위해 노력하는 자세를 갖도록 한다.

정지된 창의력에
스핀을 걸어라

　　　　　　　　　　　미국의 비즈니스 전문잡지 〈비즈니스
위크〉에서는 애플 사의 CEO인 스티브 잡스를 예로 들면서 현대 사회
를 '창의성의 시대'라고 분석한 바 있다.

　"스티브 잡스는 경제에 디자인과 창의성을 도입했다. 이제 기업의
성공은 기술 확보보다는 창의성과 상상력, 혁신에 달렸다."

　〈비즈니스위크〉의 분석대로 현대는 창의성 없이는 살아남을 수 없
는 시대가 됐다. 창의성이 없는 기업은 경쟁에서 살아남기 힘들다. 개
인 역시 마찬가지다. 사회나 기업에서 필요로 하는 인재 또한 창의성
을 지닌 사람이기 때문이다.
　창의력은 '새로움'과 '사고의 확산'이다. 하지만 아무것도 없는 상

태에서 무엇인가를 만들어내는 것을 의미하는 것은 아니다. 또한 어느 날 갑자기 번개처럼 번쩍 떠오르는 것도 아니다. 창의력이라는 열매를 맺도록 하기 위해서는 경험과 지식이 축적되어 있는 나무가 있어야 한다.

문제는 나무가 있는데도 열매를 맺지 못할 경우다. 경험도 많고 지식도 많다. 그런데 다른 사람들처럼 똑같이 생각하고 똑같이 행동한다. 새로운 것을 생각해내고 싶지만 마음뿐 뜻대로 되지 않는다.

사정이 이렇다보니 정지된 창의력에 어떻게 스핀을 걸 것인지가 문제다. 일본의 대기업인 혼다의 회장은 '놀이와 즐거움'을 중시했다고 한다. 그는 직원들에게 "애사심은 필요 없고 자기 자신의 발전과 즐거움을 위해 일하라"라고 요구한 바 있다.

하루 종일 앉아 지겹게 책만 파고드는 모범생처럼 직장생활을 열심히 한다고 해서 창의력이 생기는 게 아니라는 것이다. 책을 보든, 일을 하든, 자신이 지금 하고 있는 것을 '놀이와 즐거움'으로 연결시킬 것을 요구했다.

창의력에 스핀을 걸기 위한 가장 주요한 방법으로는 스스로에게 '만약'이라고 질문해보는 것이다. "만약 이 제품을 이렇게 만들면 재미있지 않을까?", "만약 이렇게 조립한다면 흥미롭지 않을까?"와 같은 질문을 시시때때로 던지며 자신의 상상력을 넓혀보는 것이다. 이러한 질문을 끝없이 한 사람이 있다. 바로 애플 사의 최고 경영자 스티브 잡스다.

스티브 잡스는 언제나 새로운 무언가를 만들어내기를 원했다. 그는 자신이 상상하고 있는 것들을 주변사람들에게 말하곤 했는데 사람들은 엉뚱한 몽상가가 실현 불가능한 말을 한다고 생각했다. 그러나 스티브 잡스는 자신의 혁신적인 아이디어를 현실화시킬 수 있다는 믿음을 가지고 있었다. 그 믿음이 어찌나 확고한지, 그것에 매료된 사람들이 하나둘 모여들기 시작했고, 결국 그의 머릿속에 들어 있던 창의적인 그림을 현실로 꺼내 구체화하기에 이르렀다. 그렇게 만들어진 제품들이 아이콘으로 움직이는 매킨토시, 최초의 3D 디지털 애니메이션 토이 스토리 등이다.

당신도 충분히 스티브 잡스와 같은 능력을 발휘할 수 있다.

마음껏 상상하라. 상상하는 데는 돈이 들지 않는다. 자신에게 제동장치를 걸 필요도 없다. 현실성이 없는 것은 아닐까 하는 걱정도 하지 마라. 현실성이 없다고 생각하는 순간 당신의 상상에는 제동이 걸린다. 그러니 상상하고 또 상상하라. 그리고 상상한 것은 노트에 옮겨라.

실현 불가능해보이는 것이라도 좋다. 모호하고 애매한 것이어도 좋다. 다음 단계에서 그 틈을 좁혀 나가면 된다. 처음에 할 일은 파격적이고, 규칙을 뛰어넘는 아이디어를 생각나는 대로 써보는 것이다. 그 과정에서 머리를 쥐어짤 필요는 없다. 떠오르는 대로 적어 놓기만 하면 된다. 가능한 즐겁고 재미있게 자신의 상상력을 펼쳐보라.

매일 10개씩 생각나는 대로 아이디어를 적어 놓는 것은 당신의 창의력을 건드리는 연습이다. 당장에 실현 불가능한 아이디어만 나오더라도 실망할 필요는 없다. 아무것도 상상하지 않는 것이 문제지 실현성의 여부를 따지는 것은 그 다음에 할 일이다.

양 속에 질이 있음을 명심하라. 매일 운동으로 몸을 만드는 것과 마찬가지로 창의력에도 운동이 필요하다. 멈춰 있는 창의력에 스핀을 거는 것을 잊지 마라.

당신의 이중성을
돋보이게 하라

　　　　　　　　　　　"이중성이라니? 겉과 속이 다른 사람
이 되라는 말인가?"

　이렇게 생각하는 사람도 있을 것이다. 그러나 필자가 말하는 이중
성이란 상황에 따른 대처능력을 말한다.

　세상은 만화처럼 평면이 아니다. 당신에게 일어나는 상황은 입체
적이다. 하나의 기준만 가지고는 모든 상황에 대처할 수 없다. 가령,
의사결정을 내릴 때에도 확실성에 대한 의사결정, 위험에 처한 상황
에서의 의사결정, 무엇인가 발생할 수 있는 결과의 확률을 알지 못한
채 내리는 의사결정이 제각각 다르다. 그렇기 때문에 각각의 상황에
따라 대처하는 전략이 필요하다.

　사실, '이중성'의 속성은 부정성이 아니다. 오히려 사람이라면 당
연히 가지고 있는 속성이라고 해야 맞다.

사람이라면 누구나 용기를 가지고 있으면서 동시에 두려움도 가지고 있다. 또한 구속에 대한 저항감이 있으면서 소속되어 있지 않을 때 불안해한다. 많은 것을 갖고 싶다고 하면서 때로는 그것을 거추장스럽게 여기기도 한다.

이렇듯 사람이 살고 있는 사회도 이중적인 방향으로 흐를 때가 많다. 과소비를 지양하는 반면 과소비를 부추긴다. 선거 전 출구조사와 선거 후 투표 결과가 다르게 나오기도 한다. 또는 시각과 관점에 따라 전혀 다른 행동을 보이기도 한다. 한 예로 미국 대통령 선거 때 사람들이 보였던 상반된 태도를 들 수 있다.

1972년 미국의 대통령 선거 때 '머스키' 대통령 후보는 토론회에서 눈물을 흘렸다. 당시 그는 유력한 당선 후보였는데도 그 눈물 때문에 유권자들의 눈 밖에 나 결국 탈락하고 말았다. 'TV 앞에서 울 정도로 마음이 약한 사람에게 나라를 맡길 순 없다'는 것이 대다수 국민의 생각이었다.

하지만 4년이 지나고 지미 카터가 대통령에 당선된 후 사람들 앞에서 울었을 때에는 그 누구도 그것을 탓하지 않았다. 지미 카터뿐 아니라 부통령으로 지명받은 후보도 울었고, 닉슨 대통령까지 고별연설을 할 때 울었지만 머스키 때처럼 정치인의 눈물을 부정적으로 보는 사람들은 없었다.

정치인이 눈물을 흘린 것은 똑같지만 사람들의 반응은 극명하게 달랐다. 똑같은 눈물이라도 한때는 나약함을 상징하고, 또 다른 한때는 감수성의 표현으로 이해한 것이다. 이는 상황에 따른 변화로 인해 일어난 결과다. 즉, 어떤 상황이냐에 따라 사람들의 반응은 정반대의 형태로 나타날 수 있음을 보여주고 있는 것이다.

이처럼 이중성은 자신 안에 내재되어 있는 것이지만, 상황이나 타인이 당신의 이중성을 요구하기도 한다. 즉, 상황에 따라 대처하는 방식이 극과 극을 달리는 양면성을 띨 때도 있다. 이는 가정에서의 모습과 직장에서의 모습이 다를 것이고, 친한 친구와 직장 동료를 대하는 모습이 다를 것이다. 어떤 상황에 처해 있는가, 혹은 어떤 사람을 만나느냐에 따라 당신의 행동하는 방식은 자연스럽게 달라질 수밖에 없다.

문제는 "저 사람은 이중적이다"로 평가받는 것이 아니라 "상황에 따른 대처능력이 뛰어나다"의 평가를 이끌어내야 한다는 것이다.

"이중적인 사람이다"라는 평가는 대체로 말과 행동이 달라 신뢰받지 못할 때 나오는 것이다. 자신의 기준을 세우지 못했거나 중심을 가지지 못한 사람은 신뢰받지 못하는 이중성을 가질 확률이 높다.

신뢰받는 이중성은 사람과 상황에 대한 통찰력을 바탕으로 적절하게 대처할 수 있는 유연함을 발휘할 때 가질 수 있다. 기준과 중심이 명확하게 서 있으면서도 유연하게 사고하고 행동하는 사람의 이중성은 단연 돋보일 수밖에 없다.

이러한 이중성을 갖기 위해서는 모든 일을 천편일률적으로 바라보는 획일적인 사고방식에서 벗어나야 한다. 또한 자신의 것만이 옳다고 여기는 아집도 버려야 한다. 세상은 입체적으로 돌아가기 때문에 보는 각도에 따라 전혀 다른 상황이 되기도 한다. 당연히 상황에 따른 적절한 대응방식을 취해야 하는 것은 말할 필요가 없다.

불확실성에 대한
포용력을 가져라

　　　불확실성은 기본적으로 사람의 불안감
이나 두려움을 이끌어낸다. 알 수 없는 것, 알지 못하는 것, 파악할 수
없는 것은 보이지 않는 적이 되어 어둠 속에 도사리고 있는 것과도 같
다. 그런데 가만히 생각해보면 인류 역사 이래 불확실성이 존재하지
않았던 적은 없다. 미래는 계산기처럼 인간이 입력한 숫자의 합을 보
여주지 않는다. 마치 어떤 숫자의 공이 나올지도 모르는 추첨기와도
같다.

　더군다나 현대는 이전 사회보다 훨씬 다양하고 복잡해졌으며 세계
화라는 변화의 물결까지 가세를 했다. 여러 분야에서 일어나는 새로
운 변화들은 미래를 훨씬 더 불확실하고 알 수 없는 상황으로 몰아가
고 있다. 때문에 기업들은 불확실성의 리스크를 줄이기 위해 '리스크
관리'에 큰 비중을 두기 시작했다. 예상치 못한 일로 발생할 수 있는

위험부담을 최대한 줄이려는 의도다.

기업뿐 아니라 개인에게도 '리스크 관리'는 당연히 필요하다. 불확실성이 가져다주는 위험부담을 최대한 줄이려면 현재 상황을 파악하고 예측한 뒤 준비하는 자세를 취해야 한다. 이렇게 준비를 한다고 해도 불확실성은 해일처럼 당신을 덮칠 지도 모른다. 다름 아닌 불확실성이기 때문이다.

불확실성을 인지하지 못하고 현실에 안주만 하고 있다면 성공하기 어렵다. 성공을 쟁취한 사람은 불확실성의 변화를 적극적으로 리드한 사람이다. 그들은 언제나 역동적인 변화의 중심에서 그 변화를 능동적으로 받아들이거나 변화를 이끌어왔다.

"그렇다면, 능동적으로 받아들이고 변화를 이끌 수 있는 방법은 무엇인가?"

지금 당신이 가장 궁금해하는 질문이다. 그러나 필자의 대답은 의외로 간단하다.

"포용력을 가져라. 포용력을 가진다는 것은 불확실성을 인정할 때 비로소 가질 수 있는 마음이다. 불확실성을 인정하고 받아들여라. 두려움 때문에 피하지 말고 긍정적인 사고로 마주할 수 있는 용기를 가져라."

불안함과 두려움을 지닌 사람은 '행동'조차 하지 못한다. 이런 자세는 제자리도 못 지킬 뿐 아니라 후퇴하게 만든다.

불확실성의 대표적인 사례인 재테크를 예로 들어보자. 재무설계 상담자들은 재테크 실패에 있어 가장 큰 요인으로 '불안한 심리상태'를 꼽는다. 주식이든 부동산 투자이든 한치 앞을 예상하지 못할 때가 종종 있다. 오르는가 싶으면 내리고, 내리는가 싶으면 오른다. 전문가들마다 예측하는 게 다르고 시장의 변동은 객관적인 자료만으로는 파악되지 않는다. 그런데도 주위에서 재테크를 통해 성공한 사례들을 접하면 마음이 동한다. 자신도 하면 될 것 같아 재테크에 뛰어든다. 그러나 주식이나 집값이 조금만 떨어져도 청심환을 먹어야 할 정도로 놀라고 불안해한다.

성공적인 재테크는 재테크에 대한 지식과 결단성, 인내심을 갖추어야 할 수 있다. 지식이 없으면 투자의 방향을 올바르게 잡을 수 없고, 결단성이 없으면 매매 시기를 놓칠 수 있다. 또한 인내심이 없으면 작은 변화에도 민감하게 반응해 언제나 손실을 보게 된다.

재테크를 할 때 기본으로 갖추어야 할 자세는 바로 자신의 마음가짐과 정신 상태를 재정비하는 것이다. 즉, 일정 정도의 변화를 인지하고 받아들일 수 있는 자세가 되어 있지 않으면 재테크를 능동적으로 이끌어가지 못한다. 재테크에 수동적으로 이리저리 이끌려 다니다가 결국 손해를 보는 위험부담이 더욱 커지는 것이다.

불확실성은 우리 삶의 구석구석에 산재해 있다. 그것을 인정하고 포용하면 위기상황에 능동적으로 대처할 수 있다. 그러나 불확실성을 염두에 두지 않으면 위기상황이 발생했을 때, "어쩌다 이렇게 됐지? 나는 정확하게 파악하고 예측했는데"라는 자책에서 빠져나오지 못하고 허둥거리게 된다.

불확실성에 포용력을 가져라. 그것이 당신의 능동성을 이끌어낸다.

불확실한 것을
탐닉하라

우리가 사는 세상은 확실한 것보다 불확실한 것들이 더 많다. 이 세상의 모든 것이 확실하다고 믿을수록 위기 대처능력은 떨어진다. 불확실한 것에 대응할 준비가 부족하기 때문이다.

'불확실함'을 두려워하지 않고 받아들일 수 있는 방법은 단 하나다. 확실하지 않은 것을 탐닉하면 된다. 확실하지 않은 것을 인정하고 받아들이며 즐기는 것이다.

"확실한 것은 없다. 그래서 재미있지 않은가!"

알 수 없어서 두려운 것이 아니라 알 수 없어서 재미있다. 게다가 흥미롭기까지 하다. 당신은 이제 자신에게 질문하고 답을 한다.

① 내 앞에 놓여 있는 것은 무엇인가?

　그것을 알기 위해 만져보고 분석한다.

② 내가 가는 길에 있는 것은 무엇인가?

　그것을 확인하기 위해 직접 가본다.

③ 나는 무엇을 만들어낼 수 있는가?

　모르지만 일단 만들어본다.

많은 사람들은 완벽하게 준비하고 계산된 뒤에 움직여야 한다고 생각한다. 그러나 완벽하게 준비하는 것은 불가능하다. 확실한 상황이라는 것이 애당초 없기 때문이다. 준비는 행동할 때 완성된다. 확실하지 않은 것에 두려움을 가지고 오랫동안 준비만 하는 사람은 준비하는 과정에서 끝이 난다. 일단 움직이기 시작하면 불확실한 것도 확실한 것으로 만들어낼 수 있다.

"그래서 재미있지 않은가!"

'즐거움을 느끼는 감정'도 단련시킬 필요가 있다. 위축되어 있고 비관적인 사람은 불확실성뿐 아니라 확실한 것조차도 즐거움을 느끼지 못한다.

우산을 파는 아들과 짚신을 파는 아들을 둔 노인의 이야기는 이미 다 알 것이다. 노인은 비가 오는 날이면 짚신을 파는 아들이 그날 장사를 망칠까 봐 걱정한다. 반면 맑은 날이면 우산을 파는 아들이 그날 장사를 망쳤다고 우울해한다. 비가 오는 날이나 맑은 날이나 노인은 언제나 걱정근심에서 벗어나지 못한다. 그러니 즐거워할 수도 없다. 그러나 반대로 생각해보자. 비가 오면 우산을 파는 아들의 장사가 잘되고, 날이 맑으면 짚신을 파는 아들의 장사가 잘된다. 이렇게 바꾸어 생각했더라면 노인은 365일이 즐거웠을 것이다.

노인의 잘못은 두 가지다. 긍정적인 상황과 부정적인 상황에서 부정적인 상황을 선택해 자신의 삶을 우울하게 만들었다는 점이다. 둘 중 하나를 선택해야 했다면 긍정적인 상황을 선택해 그것에서 기쁨을 누리는 게 훨씬 바람직했다.

노인의 또 다른 잘못은 부정적인 상황을 무조건 부정적으로만 받아들인 것에 있다. 아무리 부정적인 상황이라도 그 안에서 희망을 찾는 자세를 가져야 했다. 비가 내린 후에는 날이 맑아질 것이고, 날이 맑아도 언젠가 비는 내릴 것이다. 그런데 노인은 걱정하고 우울해하느라 그 안에서 찾을 수 있는 희망은 보지 못했다. 즉, 노인은 어떤 상황이 닥쳐도 불행에 빠질 준비만 하고 있었던 것이다.

상황이 어떻게 전개되든, 그 상황을 탐닉할 줄 아는 사람은 위기 대처능력도 뛰어나다. 다른 사람들이 주춤하는 사이 그는 두려움 없이 받아들이고 심지어 기쁘게 달려 나갈 수도 있다.

어쩔 수 없이 부딪혀야 할 상황이라면 그 결과가 모호하고 불안하더라도 탐닉하는 자세를 취하라. 웃는 얼굴에 침 뱉지 못하는 것은 사람뿐만이 아니다. 당신 앞을 막고 있는 인생의 장애물도 그렇다.

최고의 질문을 던져라 :
why so?

발명왕 토머스 에디슨은 전구를 발명하기 위해 1,200번의 실패를 했다. 이것은 에디슨이 스스로에게 1,200번의 질문과 생각을 했음을 의미한다. "원하는 결과가 나오지 않는 이유는 왜인가? 무엇이 어디서부터 잘못된 것인가? 잘못된 부분은 어떻게 해결해야 하는가?"라는 수많은 질문과 답변을 통해 전구가 발명된 것이다.

사실 인류가 발전할 수 있었던 원동력 중 하나는 '질문의 힘'에 있었다. "따뜻하게 지낼 수는 없을까?", "저곳으로 가는 시간을 단축할 수는 없을까?", "새처럼 날 수 없을까?"와 같은 질문을 끊임없이 했기 때문에 그에 알맞은 답을 찾아내기 위해 노력했고 현실로 이루어냈다. 성공하는 사람들과 실패하는 사람들의 차이 역시 바로 이런 질문에 있다.

성공하는 사람들은 실패를 경험했을 때, "왜 할 수 없는가?" 혹은 "왜 하지 못하는가?"를 되묻는다. 왜 그렇게 되었는지를 파악해야 다시는 같은 실수를 범하지 않기 때문이다. 그러나 실패하는 사람들은 왜 그렇게 되었는지에 대한 질문을 하지 않는다. 운의 부족으로 돌리거나 주위환경 탓이라는 변명을 한다.

자신에게 질문을 할 때에는 끈질기게 파고드는 집중력이 필요하다. 대충 질문을 해서는 답을 찾을 수는 없다. "나는 왜 이번 시험에서 떨어졌는가?"를 스스로에게 질문하기 시작했다면 답을 찾는 것과 동시에 또 다른 질문으로 들어가야 한다. "공부를 안 했기 때문이다." 그렇다면 "왜 하지 않았는가?" 같은 식으로 근본적인 원인을 찾아낼 때까지 질문을 멈춰서는 안 된다. "집중이 잘 안 돼서다.", "집중이 왜 안 됐는가?", "밤새 컴퓨터 게임을 해서다.", "왜 컴퓨터 게임을 했는가?", "잠이 오지 않아서다.", "왜 잠은 오지 않았는가?", "낮잠을 많이 자서다"와 같이 '왜'를 다섯 번 물으면 원인이 드러난다.

원인을 알면 개선도 쉬워지고, 개선을 하게 되면 원인을 제거하게 되는 것이다. 시간을 낭비했다 싶으면 시간표를 짜 체계적으로 시간을 관리하면 된다.

미국의 커뮤니케이션 컨설턴트인 도로시 리즈는 《질문의 7가지 힘》이라는 책에서 질문의 효과를 정리한 바 있다.

첫째, 질문을 하면 답이 나온다.

둘째, 질문은 생각을 자극한다.

셋째, 질문은 정보를 가져다준다.

넷째, 질문을 하면 통제가 된다.

다섯째, 질문은 마음을 열게 한다.

여섯째, 질문은 귀를 기울이게 한다.

일곱째, 질문은 스스로를 설득시킨다.

이 중 어느 하나도 유용하지 않은 것은 없다. 하지만 질문의 가장 강력한 힘은 문제의 원인을 찾아내는 데 있다. 본인한테 있는 문제이거나 조직에 있는 문제, 모든 문제의 근원에는 원인이 있기 마련이고, 그 원인을 찾는 데 가장 효과적인 방법은 질문을 하는 것이다. "왜 그렇게 되었는가"라고 묻는 순간, 당신은 이미 정답에 가까이 다가가 있다.

질문을 하면 답이 나온다. 해결을 필요로 하는 문제가 발생했다면 질문을 하라. 그것도 끈질기게 파고들어라. 끈질기게 파고들어야 문제의 핵심에 가까이 다가설 수 있다. 질문을 하는 것은 대충 원인을 파악하고 잊기 위해서가 아니다. 정확하게 원인을 파악해 그것을 수정하고 제거하기 위해서다. 끈질기게 파고들어 문제의 핵심을 정면으로 바라보고 자신을 완벽하게 설득시켜야 한다.

3

생각을 쪼개고
비틀어보라 :
구상력

1%의 구상력이
99%의 창의력을 완성시킨다

거의 만능에 가까운 약으로 취급되는 '아스피린'을 모르는 사람은 거의 없다. 하지만 아스피린을 발명한 사람이 물감공장 사장이라는 사실은 대부분 알지 못한다. 그는 바로 화학자이기도 했던 '카를 도이스베르그'다.

카를이 아스피린을 발명하게 된 계기는 신문에 난 작은 기사 때문이었다. '안티피린이라는 해열제의 발명'을 기사화한 것으로 기사의 내용만 보면 그리 관심을 끌 만한 것은 아니었다. 그런데 문제는 그것이 실수로 탄생했다는 것이다. 카를은 그 부분에 큰 관심을 가졌다.

"아니, 약품이 실수에서 탄생하다니, 그런 일도 있나? 발명이란 꼭 어렵고 복잡한 것만은 아니구나. 그렇다면 나도 해보자."

그렇게 결심한 카를의 머릿속에 공장의 뜰이 떠올랐다. 공장의 뜰은 언제나 각종 쓰레기더미로 가득했다. 물감을 만들고 남은 폐기물을 그곳에 쌓아두고 있었기 때문이다. 그 순간이었다. 문득 카를의 머리를 스치는 생각이 있었다.

"공장 뜰에 쌓인 폐기물의 성분과 안티피린 원료의 성분이 매우 흡사하지. 혹시 그렇다면? 그 쓰레기로 새로운 약품을 만들 수 있을지도 몰라!"

폐기물이 귀한 원료가 될지도 모른다는 생각을 한 카를은 회사 내 연구원들과 머리를 맞대고 아스피린 개발에 몰두했다. 그리고 마침내 안티피린보다 성능이 뛰어난 새로운 해열제를 만들어냈다.

카를은 완성된 약품을 아스피린이라는 이름으로 본격적으로 판매하기 시작했다. 처음에는 물감을 만드는 회사에서 생산된 약품이라는 이유 때문에 팔리지가 않았다. 그러나 곧 아스피린의 효능이 뛰어나다는 입소문이 나기 시작하면서 날개돋인 듯 팔려나갔다. 결국 그는 이 발명으로 세계 제일의 제약업체 CEO가 될 수 있었다.

카를이 만약 자신의 생각을 머릿속에만 두고 있었다면 '아스피린'은 탄생되지 못했거나, 개발이 늦어졌을 것이다. 구상력이 없는 창의력은 백일몽이다. 창의력의 존재 이유는 구상력을 실현시키는 데 있다.

이쯤 되면 이렇게 생각할 사람도 있을 것이다.

"매일 새로운 것을 상상한다. 그런데 나는 왜 구상력이 없을까?"

무한대로 상상을 하지만 그것을 실현시키지 못하는 이유는 그 다음 단계인 '어떻게'까지 나아가지 않아서다.

"어떻게 만들면 좋을까?"

"어떻게 하면 될까?"

사실, 대부분의 사람들은 상상하는 그 순간에도 자신의 상상은 '상상'에 불과하다고 여기며 그 다음 단계로 나아가지 않는다. 생각해보라. 날고 싶다고 생각한 적이 있다면 어떤 방식으로 날 수 있을지 그 다음 단계를 구상한 적이 있는가?

구상의 시작은 생각이다. 생각에서 먼저 구상을 해야 현실화할 수 있다. 그런데 상상은 하되 생각으로 발전시키지는 않는다. 당연히 실현화하는 것과는 거리가 멀다. 만약 당신이 지금까지 상상만 했다면 이제는 '어떻게' 단계까지 이끌어 나가보라. '어떻게'라고 생각해야 그것을 현실화하기 위한 방법들이 꼬리에 꼬리를 물고 나올 수 있는 것이다.

경쟁 전략가 오마에 겐이치는 "구상력은 자신이 생각해낸 것을 현실화하겠다는 집념이 있어야 가질 수 있는 것이다"라고 말했다. 집념은 자신에 대한 강한 믿음을 전제로 한다. 자신이 해낼 수 있다는 걸 믿지 못하는 사람에게는 집념도 없다.

라스베이거스의 시초가 된 플라밍고 호텔은 사막 위에 세워진 건물이다. 그 당시 어떤 사람도 사막에다 건물을 세우겠다는 생각을 하지 않았다. 그러나 '벅시 시갈'은 그것을 상상했고 결국 자신의 상상을 실현시켰다. 그럴 수 있었던 것은 그는 자신에 대한 믿음과 집념을 가지고 플라밍고 호텔에 자신의 인생을 투자했기 때문이다.

창의력은 다른 사람이 생각해내지 못한 것을 생각했을 때 빛을 발한다. 그러나 그보다 뛰어난 능력은 자신에 대한 믿음을 가지고 "그래서 어떻게 만들지?"라고 구상화하는 것이다. 99%의 창의력은 1%의 구상력을 위해 존재한다는 것을 잊어서는 안 된다.

수직형 사고와
수평형 사고

 언젠가 필자는 조지 브라운에게 성공
의 비결을 물어본 적이 있다. 그는 단 1초도 생각하지 않고 진지하게
말했다.

"Mr. Lee. 나는 비즈니스를 의사소통이라고 생각해요. 아니, 인생
이 의사소통이죠. 누가 의사소통을 더 열심히 잘하느냐에 따라 성공
하기도 하고 실패하기도 한다고 생각합니다."

조지 브라운이 의사소통을 말한 이유는 휴먼 네트워킹의 중요성을
강조하기 위해서였다. 일상생활에서 만나는 수많은 사람들과의 관계를
지속적이고도 우호적으로 발전시켜 나가는 것이 휴먼 네트워킹이다.

'네트워크'는 원래 TV나 라디오 프로그램을 송출하는 중계회선에

의해 조직된 전국적인 방송조직과 방송망을 가리키는 용어였다. 그러던 것이 컴퓨터가 보급되면서 여러 대의 컴퓨터가 연결된 망, 즉 컴퓨터 네트워크를 줄여 '네트워크'라고 부르게 되었다. 여기서 더 나아가 특정한 인간관계에 적용시켜 탄생한 것이 바로 '휴먼 네트워크'다.

휴먼 네트워킹은 상대방의 컴퓨터에 내 컴퓨터를 연결하는 것과 같다. 이는 상대방이 갖고 있는 정보나 지식, 또는 지인들을 공유할 가능성이 높아지는 것을 의미한다. 한 사람이 가지고 있는 용량에는 한계가 있다.

하지만 다른 사람과 네트워킹을 하면 훨씬 더 큰 용량을 활용할 수 있게 된다. 이 때문에 휴먼 네트워킹은 최소의 비용으로 최대의 효과를 낼 수 있다.

사람들과의 관계를 좋게 하는 노력은 '최고의 선'이다. 비즈니스뿐 아니라 자신의 인생을 훨씬 풍요롭게 만든다. 그렇다고 이득을 따져 사람과의 관계를 맺는 것은 바람직하지 못하다. 계산속만 가지고 사람에게 접근하는 것은 사람을 놓치는 최악의 방법이다. 하다못해 집에서 키우는 애완견도 자신을 진심으로 대하는지 아닌지를 안다. 하물며 사람은 어떠하겠는가.

사람에게 다가서는 기본은 '진실된 마음'이다. 진심으로 다가서고 진심으로 상대방과 교류해야 한다. 따라서 '모든 사람이 보물'이라는 사고를 갖는 것이 매우 중요하다.

그가 나에게 도움이 되느냐 되지 않느냐를 따지기 전에 내가 먼저 그에게 도움이 되고자 노력하라. 그리고 그의 말에 귀를 기울여 들어주는 자세를 갖도록 하라. 커뮤니케이션이란 말하는 것이 아니라 듣는 것이라는 걸 잊어서는 안 된다.

휴먼네트워킹은 수직형 사고가 아니라 수평형 사고를 요구한다. 수직형 사고는 종래의 계층구조에서나 어울리는 권위적이고 보수적인 사고방식이다. 그러나 수평형 사고는 모든 사람을 대등한 존재로 보며 자유롭게 소통하고자 하는 사고방식이다.

수평형 사고방식을 가진 사람은 보다 많은 사람들과의 관계를 유지·발전시킬 수 있다. "저 사람의 학벌은 어디까지인가?", "직장은 좋은가?"와 같은 잣대로 사람을 재단하려 들지 않기 때문이다.

연암 박지원의 단편소설 중 《광문자전》이 있다. 광문은 종로 시장 바닥을 돌아다니는 비렁뱅이에 불과한 인물이지만 신분이 높은 사람들보다도 훨씬 정직하고 성실한 인물이었다. 비루한 모습만 보고 그를 의심했던 한 부자가 그의 진실된 모습에 감응하여 자신의 친구와 큰 부자, 벼슬아치들에게 그를 소개하고 칭찬하고 다니게 되었다.

바른 눈을 가진 사람이라면 사람의 진실성은 알아보기 마련이다. 겉모습의 비루함만 보았다면 부자는 광문이라는 벗을 얻지는 못했을 것이다.

수직형 사고에 머무르는 사람은 사람을 얻고자 하지 않고 사람을 부리고자 한다. 사람을 부리고자 하는 사람은 사람을 자신의 편으로 끌어들이지 못한다. 앞에서는 복종을 할지언정 진정으로 도움을 줄 의지를 가지고 있지는 않을 것이다. 그러나 수평형 사고로 전환한 사람은 사람과의 소통을 중요시한다. 휴먼 네트워킹이 가지고 있는 힘을 십분 발휘했을 때 그 영향력이 얼마나 큰지를 알고 있기 때문이다.

휴먼 네트워킹은 시스템이다. 네트워킹을 잘하기 위해서는 사람과의 소통에 적극적인 관심을 가지고 다각도의 노력을 기울여야 하지만 그 이면에 깔아두어야 하는 것은 수평적 사고라는 것을 잊지 말자.

생각의 끈을
놓지 마라

　　　　　　　　　　　공자는 제자에게 어느 순간에도 생각
의 끈을 놓아서는 안 된다고 가르쳤다. 자신의 본래 모습과 마주보기
위해서는 생각에 생각을 거듭해야 한다는 것이다. 알 때까지 놓아서
는 안 되는 것이 '생각'이다. 자기 자신을 정면으로 마주 보아야 할 때
도 그렇고, 세상의 흐름을 읽어야 할 때도 그렇다.

　사실 우리는 아침에 눈을 떠 밤에 잠들 때까지 수많은 생각을 하며
산다. 아니, 잠자고 있는 동안에도 생각이 꿈에 나타나기도 한다. 끝
없이 생각을 하고 있는데도 "생각의 끈을 놓지 마라"라고 하는 건 어
찌 보면 지나친 말처럼 들릴 수도 있다.

　그러나 필자가 말하고 싶은 것은, "자신을 보기 위해서는 어느 순
간에도 생각의 끈을 놓지 마라"라는 공자의 가르침처럼 '생각'을 하
되 분산된 '생각'이 아니라 끈질긴 '생각'을 하라는 것이다.

생각이 자신에게 향했을 때에는, "지금 나는 무엇을 바라고 있는가?" 혹은 "내가 바라는 것을 이루기 위해서는 무엇을 해야 하는가?"와 같은 주제를 가지고 끈질기게 바라봐야 한다. 생각하고 또 생각하다 보면 진정으로 자신이 원하는 것이 무엇인지, 무엇을 해야 하는지 보인다. 답을 찾았다고 해서 그만 그 끈을 놓아서는 안 된다. 어떤 일을 하든 자신이 원하는 바가 무엇인지 늘 염두에 두어야 한다. 원하는 바를 잊지 않고 있어야 몸의 게으름도 막을 수 있다.

또한 어떤 관점에서 '생각하느냐'도 중요한 문제다. 어떤 생각을 하느냐에 따라 결과가 엄청나게 달라질 수 있기 때문이다. 성공하는 사람들은 자신이 성공할 거라고 생각한다. 긍정적인 사고가 긍정적인 힘을 이끌어낼 수 있다는 것을 알기 때문이다. 생각은 보기보다 큰 힘을 발휘하는데, 그것은 생각에 따라 행동이 달라지기 때문이다.

많은 사람들은 나쁜 일이 생겼을 때 부정적인 생각에 사로잡히곤 한다. 때문에 지나치게 낙담하고 우울해한다. 하지만 생각의 끈을 놓지 않고 자기 자신을 제대로 바라보면 '나쁜 일의 본질'이 무엇인지 파악할 수 있다.

"정말, 그것이 나쁜 일인가", "어째서 나쁜 일인가", "나쁘다면 무엇이 문제가 되어 이렇게 되었는가", "이런 결과를 예측하지 못하고 나는 무엇을 했는가", "그렇다면 앞으로 무엇을 하면 될 것인가"와 같은 생각으로 발전시켜 가며 자책하거나 낙담하기보다 새로운 출발선을 만드는데 기준점을 잡을 수도 있다.

생각이 세상 밖으로 향했을 때에는, 보이는 것만을 믿지 말고 그 이면의 것을 파악하고 분석하려는 끈질김을 가지고 있어야 한다. "왜 이렇게 됐지?" 혹은 "무슨 이유로 이런 결과가 난 걸까?"와 같은 생각을 했다면 꼬리에 꼬리를 물고 생각을 전개시켜야 한다. 분산된 생각은 상황을 파악하지 못하고 오히려 그 상황에 말려들게 만든다. 하지만 집중된 생각은 문제의 요인을 꺼내어 파악하고 주도할 수 있는 힘을 지닌다.

당신과 세상을 창의적으로 연결시키는 고리도 생각을 통해 나온다. 아인슈타인은 "인간은 항상 새로운 것을 생각하지 않으면 인형같이 되어버린다"라고 했다. 새로운 것을 생각해내기 위해서는 자신의 고정관념부터 버려야 한다. 고정관념을 버리는 것도 자신을 정확하게 바라볼 때 비로소 가능하다. 질문과 답을 뫼비우스의 띠처럼 끊임없이 연결시켜 생각의 고리를 끊지 않도록 해야 한다.

생각의 끈을 잇는 것은 긴장감을 유지시키는 일이며 창의성을 만들어 나가는 일이다. 한시라도 생각의 끈을 놓지 마라. 생각은 당신을 깊고 넓은 사람으로 전환시킨다.

두 번 믿는 동시에
세 번 의심하라

이옥의 《담정총서潭庭叢書》에 실려 있는 〈이홍전〉의 내용이다.

한 날, 심심하던 차에 이홍은 스님이 시주를 하는 것을 보고 다가가 말을 건다.

"스님, 유기가 있는데 쓰임이 있겠습니까?"

스님은 '유기'라는 말에 귀가 번쩍 뜨인다.

"시주를 받기만 하면 불상을 만들 수 있으니 그보다 큰 공덕은 없지요."

이에 이홍은 스님을 데리고 남문 쪽으로 들어간다. 남문 안에 술집이 보이자 그는 술과 안주를 푸짐하게 시켜 먹는다. 그리곤 돈을 가지고 오지 않았으니 스님에게 대신 내어달라 한다. 스님은 유기를 받을 생각에 아무런 의심 없이 술값을 대신 치른다. 그리고 다시 길을 가다 이홍이 말한다.

"유기가 오래된 물건이라 사람들이 막을 수 있으니 잘 가져가야 합니다."

"주는 건 시주님에게 달렸고 가져가는 건 중에게 달렸으니 못 가져갈 것 없습니다."

스님의 호언장담에 이홍은 "그래요?"라고 답하곤 다시 술집에 들어가 술을 진탕 마시고 스님의 돈을 몽땅 쓰게 만든다.

다시 유기가 있는 쪽으로 가다 이홍은 두어 번 더 스님의 의중을 떠본다.

이홍이 "사람이란 눈치가 있어야 하는 법이오"라고 하면 스님은 "반평생을 눈치로 살아온 사람이오"라고 대답하고, 이홍이 "유기가 몹시 큰데 가져갈 수 있겠소?"라고 하면 스님은 "아무리 큰 것이라도 거뜬히 들고 갈 수 있으니 걱정하지 마시오"라고 한다. 그렇게 대화를 주고받으며 가다 이홍이 발걸음을 멈춘 곳은 종각 앞이었다.

이홍은 "스님, 유기가 저기 있소. 잘 가져가야 할 것이오"라고 말하며 종각 속의 '종'을 가리켰다. 그에 당황한 스님은 남산을 바라보고 멍히 있다 황급히 도망가버렸다.

다른 사람을 속이려고 드는 사람의 나쁜 점을 말해 무엇 하겠는가. 이 글에서 보여주고자 한 것은 자신의 욕심 때문에 눈과 귀를 막아버린 스님의 어리석음이다. 이홍은 유기 주위에 많은 사람들이 있으며, 유기가 몹시 크다는 힌트를 나름 주었지만 스님은 그런 말을 귀담아

듣지 않았다. 스님의 마음에 꽉 차 있었던 것은 오직 큰 유기를 받을 수 있다는 것이었으니 다른 말이 귀에 들어올 리 없었다.

사람들은 '자신이 믿고 싶은 것만을 믿는' 오류를 범할 때가 많다. 절대적인 가치나 신앙심을 제외했을 때의 믿음은 대체로 '보고 싶은 것만을 보는 것', '알고 싶은 것만을 아는 것', '이해하고 싶은 것만을 이해하는 것'과 연관성이 깊다. '불편한 진실'을 보기보다는 '달콤한 거짓'을 믿는 게 속이 편해서이기도 하지만 애초 자신의 욕심에 사로잡혀 다른 가능성을 염두에 두지 않아서이기도 하다.

욕심이 화를 부른다는 말이 있다. 욕심에 사로 잡혀 있으면 상황 분석 능력이 떨어져 앞뒤 가리지 않고 행동하기 때문이다. 사기를 당하거나 주식으로 망하거나 부동산 재테크에 실패하는 근저에는 앞선 욕심 때문에 상황을 제대로 분석하지 못해서인 경우가 더러 있다.

"내가 하는 일인데. 다른 사람들도 다 잘하던데. 나라고 못할 거 있나?"와 같이 자신에게 유리한 쪽으로만 생각하는 건 예정된 실패로 달려가는 것이나 마찬가지다.

이 때문에 어떤 상황에 처해 있거나 어떤 일을 도모할 때, 제일 먼저 의심해야 하는 것은 자기 자신이다. 자기 안의 욕심이 다른 것을 보지 못하게 하는 것은 아닌지, 믿고 싶은 것만 믿고 있는 것은 아닌지, 보고 싶은 것만 보고 있는 것은 아닌지 모든 의문이 해소될 때까지 몇 번이나 의심하고 또 의심해보아야 한다.

데카르트는 《방법서설方法敍說》에서 "확실한 지식에 도달하기 위해 먼저 모든 것을 의심에 부치자"라고 말하고 있다. 감각은 우리를 속이나 이성은 우리를 속이지 않는다는 것이다. 의심을 해야만 하는 이유는 과학적이고 합리적인 방법을 찾아내기 위해서다.

또한 의심은 신중한 태도를 갖게 한다. 일을 진행할 때 서두르다보면 그르치는 경우가 많다. 신중하게 몇 번이나 생각한 다음 실행에 옮기는 것이 실수를 줄이는 방법이다.

그렇다고 의심만 많아 생각에 또 생각을 해야 한다는 뜻은 아니다. 과유불급이라고 했다. 지나친 것은 미치는 것만 못하다. 생각이 많으면 오히려 더 모호해져 일을 그르칠 수도 있다. 중국의 철학자 문자는 "세 번 생각하고 행동하라"라고 했다. 세 번 생각하는 자는 신중할 수 있다는 게 그 이유다.

어떤 일을 하든 실행가능성을 고려하고 다양하게 일어날 수 있는 상황에 대한 생각을 깊이 있게 해야 한다. 그래야 보다 객관적이고 정확한 분석이 가능하다. 또한 심사숙고하는 자세를 가지고 있어야 생활에서든, 업무에서든, 재테크에서든 리스크를 최대한 줄일 수 있다.

구상력 없는 창조는
불완전한 노력일 뿐이다

보다 빨리 뛰고 싶다는 꿈은 자동차 발명으로 현실화되었다. 날고 싶다는 꿈은 비행기 발명으로 현실화되었다. 자신만의 컴퓨터를 갖고 싶다는 꿈은 노트북 발명으로 현실화되었다.

이러한 '꿈'은 '바라는 것'과 근본적인 차이가 있다. '바라는 것'은 행동을 유발하지는 않는다. 수동적이고 소극적이다. '바란다'는 말 그대로 자신이나 타인에게 긍정적인 힘이 다가오기를 바라는 것이기 때문이다. 그러나 '꿈'은 다르다. 꿈은 적극적인 노력을 필요로 하며, 현실화를 목표로 한다.

흔히 말하는 "꿈은 이루어진다"는 많은 의미를 담고 있다. 이루어지는 것을 믿어라, 이룰 수 있으니 행동하라, 이룰 수 있는 것이니 좌절하지 마라 등이다. 즉, 믿음과 신념이 전제가 되어 있기에 '이루어진다'라는 말을 할 수 있는 것이다.

꿈은 이루어진다.

단, '구상화'할 때 그렇다. 구상화는 정교하고 체계적인 접근을 필요로 한다. 즉, 창의적인 사고를 패턴화하는 것이다. 이러한 접근 없이 "일단은 만들고 보자"라고 덤벼드는 건 용감하긴 하지만 시행착오의 위험이 크다.

《크게 생각할수록 크게 성공한다》의 저자인 데이비드 슈워츠는 자신의 책에서 꿈을 현실화하려면 6단계를 거쳐야 한다고 말하고 있다. 이 6단계는 자신의 창의력을 구상화하는 단계에서도 활용이 가능하다.

꿈을 현실화하는 6단계

1단계 : 어떤 꿈의 씨앗을 뿌릴 것인지를 선택하라. 내가 진정으로 원하는 것이 무엇이며 이 꿈으로 내가 얻을 수 있는 것이 무엇인가를 생각하라.

2단계 : 씨앗을 받아들일 마음의 준비를 하라. 마음의 준비가 잘되어 있어야 같은 씨앗이라도 더 잘 자랄 수가 있다.

3단계 : 꿈의 씨앗을 뿌려라. 그리고 실행에 옮겨라.

4단계 : 꿈에 거름을 줘라. 그리고 꿈을 이루기 위한 노력을 하라.

5단계 : 에너지를 집중하라. '하겠다'라는 생각을 실천하라.

6단계 : 충분한 시간을 투자하라. 조급하게 굴지 말고 마라톤을 하는 심정으로 실천하라.

창의력에 생명력을 불어넣는 것은 구상력이다. 구상력은 체계적인 접근을 필요로 한다. 시간을 줄이기 위해 단계를 거치지 않고 구상화하겠다는 것은 우물에 가서 숭늉을 찾는 것과도 같다. 따라서 조급하게 현실화하려고 서두르지 마라. 그러면 실수도 잦고 제대로 된 구상화도 이루지 못하게 된다.

구상화는 누구도 생각하지 못한 것을 실현시키는 힘이다. 당연히 쉽게 가는 방법도 느슨하게 할 수 있는 방법도 없다. 자신의 에너지를 집중하고 노력과 시간을 충분히 투자해야 한다. 그렇지 않을 경우, 당신의 창의성은 꽃피울 수 없다.

4

창의구상력을 만드는
독서법

실패한 사람들의
독서법

퇴계 이황은 〈도산십이곡〉에서 "옛사람을 만날 수는 없지만 옛사람의 책을 통해 그의 가르침을 받을 수 있으니 아니 읽고 어찌할 것인가"라고 했다.

책은 말 없는 스승이며, 길을 가르쳐주는 길잡이다. 과거와 현재의 뛰어난 사람들과 대화를 나눌 수 있는 기회이며, 지식과 지혜를 편안하게 받아 챙길 수 있는 화수분이다.

이랜드의 박성수 사장은 독서의 중요성을 그 누구보다 실감한 사람 중 한 명이다. 그는 젊은 시절에 병으로 2년간 누워 있는 동안 3,000권의 책을 읽었다. 그 후 그가 사업을 시작해 성공할 수 있었던 것은 독서의 경험이 중요한 기반이 되었기 때문이다. 그는 자신의 경험을 바탕으로 사내 독서프로그램을 구체화했다. 그는 다섯 가지 이유를 들어 독서의 중요성을 강조하고 있다.

첫째, 현재와 다른 나를 창조하고 싶다면 책을 읽어라.

둘째, 아이디어가 필요하다면 책을 읽어라.

셋째, 자기중심적인 사고에서 벗어나려면 책을 읽어라.

넷째, 승진하기를 원한다면 책을 읽어라.

다섯째, 잘난 척하려거든 책을 읽어라. 잘난 척하는 것도 문제지만 머리에 든
것도 없이 잘난 척하는 것은 더 큰 문제다.

근래 들어 국내 대표적인 은행들도 '독서 프로그램'에 관심을 보이
고 있다. 자율적인 독서모임을 마련하는가 하면 독서토론을 통해 업
무에 활용할 수 있는 창의적인 기획까지도 만들어낸다. 독서의 기능
은 개인의 능력을 향상시킬 뿐 아니라 크게는 기업의 경쟁력까지 향
상시킨다는 걸 경영자들은 알고 있다.

독서를 하지 않는 사람에게는 경쟁력이 없다. 지금과 같은 정보화
사회에서 정보는 경쟁력을 강화시키는 무기와도 같은 것이다. 정보가
없는 사람은 무엇을 하든 한 발 뒤처지게 되어 있다. 때문에 독서는 선
택이 아닌 필수임을 명심하라.

그렇다고 무조건 열심히 책을 읽는다고 그 책이 다 스승이 되거나
좋은 친구가 되는 것이 아니다. 한 예로, 어떤 사람들은 열심히 책을
읽었지만 아무것도 배운 것이 없다고 말하기도 한다. 드라마를 보거
나 컴퓨터 게임을 할 때처럼 그냥 시간 죽이기 오락용에 불과하다는
것이다.

그렇게 여기는 이유에는 세 가지가 있다. 좋은 책을 만나지 못했거

나, 자신의 취향에 맞는 책만 골랐거나, 아무 생각 없이 책을 읽었기 때문이다. 이러한 독서습관을 가지고 있다면 개선할 필요가 있다.

좋은 책을 선별하라

책이라고 해서 다 같은 책은 아니다. 몸에 좋은 음식이 있는가 하면 몸에 나쁜 음식이 있다. 책도 마찬가지다. 좋은 책은 좋은 친구를 만나는 것과 같지만 나쁜 책은 나쁜 친구를 만나는 것과 같다. 때문에 책을 고를 때에도 신중을 기할 필요가 있다.

편식하는 습관을 버려라

편식하는 습관이 몸에 해로운 것처럼 책 역시 편식을 해서는 도움을 받을 수 없다. 대부분의 사람은 자신만의 취향이라는 게 없어 서점에 갈 때에도 늘 비슷한 분야의 책을 구입한다. 다른 분야의 책은 재미 없다거나, 자신과 맞지 않다거나, 읽어도 이해하지 못한다고 지레 짐작해버린다. 그런 습관을 개선하지 않으면 아무리 오랜 시간 독서를 해도 새로운 지식을 얻을 수 없다. 독서는 재미를 얻기 위해 하는 것이 아니다. 평소 잘 돌아보지 않았던 분야까지 눈을 돌려 자신의 지식을 확장시켜야 한다.

생각하면서 독서하라

독서를 할 때 그냥 읽기만 하기 때문에 시간낭비라고 생각하는 것이다. 다산 정약용은 독서를 할 때 먼저 마음속에 확고한 생각이 있어야 한다고 했다. 독서를 굳건히 하겠다는 마음을 다지고 독서를 하는 근본이 무엇인지를 생각해야 한다는 것이다. 그러한 마음가짐이 없다면 독서는 그냥 활자를 읽는 것에 불과할 뿐이다.

위의 세 가지를 지켜가며 하는 독서만이 영약이 될 수 있다. 독서가 경쟁력을 지닐 수 있는 것은 지식을 넓히고 세상에 대한 안목을 키워주기 때문이다.

패자를 극복시켜주는
승자의 독서법

아는 만큼 보인다. 알지 못하면 하지 못하고, 또한 알지 못하면 먼저 뛰어갈 수도 없다. 결승전이 있는 곳까지 가려면 여러 장애물을 뛰어넘어야 하는데 아는 것이 없는 사람은 장애물이 있는지도 모르고 설혹, 안다고 해도 장애물을 뛰어넘는 법을 알지 못한다.

독서는 인생의 길에 산재해 있는 장애물을 보게 할 뿐 아니라 그것을 뛰어넘게 하는 방법까지도 가르쳐주는 기술이다. 때문에 성공한 사람들은 회고록, 자서전, 여타의 매체를 통해 독서가 얼마나 중요한지 강조하는 것을 잊지 않는다. 빌게이츠도 평일에는 매일 밤 1시간, 주말에는 3~4시간씩 독서를 했다. 그가 하루도 빠지지 않고 독서를 하는 이유는 독서가 자신의 안목을 넓혀주었기 때문이다.

어쩌다 한 번 혹은 필요할 때만 책을 찾는 것은 그때 잠시 도움은

될 수 있어도 자신의 자양분으로는 만들 수 없다. 독서는 어쩌다 먹는 특별식이 아니다. 매일 먹는 주식이 되어야 한다. 때문에 독서의 습관화는 절대적으로 필요하다. 다음의 방법으로 독서를 습관화하자.

① 한 달이 시작되는 첫날, 네 권의 책을 구입하라.
② 매주 월요일에 한 권의 책을 읽기 시작해 그 주 일요일까지 완독하라.
③ 계획과 달리 완독하지 못했더라도 그 책은 과감히 덮어라. 새로 시작되는 주의 월요일에는 다른 책을 읽기 위해서다.
④ 2번, 3번과 같은 방식으로 나머지 세 권도 읽어라.
⑤ 완독하지 못한 책은 나중에 독서시간을 따로 배분하라.

위와 같은 방법으로 꾸준히 책을 읽다보면 책에 대한 거부감이 사라지고 책과 친해지는 효과를 볼 수 있다. 또한 다양한 책을 통해 지식을 함양할 수 있고, 전문성과 경쟁력을 높일 수 있다.

처음에는 책을 읽어나가는 시간이 오래 걸릴 수도 있다. 그러나 시간이 지날수록 책 읽는 속도는 빨라질 것이고, 매주 한 권의 책을 다 읽지 못하는 경우가 드물어질 것이다.

독서하는 습관만큼 중요한 것은 독서방법이다. 제대로 된 독서법은 독서의 효과를 높일 수 있다. 그 방법으로는 세 가지를 들 수 있다.

독서의 목적을 분명히 하라

목적과 주제가 분명하면 자신이 읽어야 할 책을 빠르게 선택할 수 있다. 자신에게 필요한 책을 읽다보면 그와 연관된 또 다른 책을 찾아낼 수도 있다. 목적이 분명하니 집중력도 높아지고 읽는 재미도 배가 된다.

정독을 하라

다산 정약용은 "책을 그냥 눈으로 읽기만 하는 것은 하루에 책 1,000권, 글 100편을 읽을지라도 오히려 읽지 않은 것과 마찬가지다"라고 말했다. 정독은 올바른 독서의 기본이다. 사물의 겉만 핥고 그 속을 알지 못하는 주마간산과 같은 독서로는 그 책을 읽었다라고 말할 수 없다. 산속에 무슨 나무가 있으며, 그 나무의 모양새가 어떠한지 꼼꼼하게 따지고 머릿속에 입력시켜야 한다. 수박 겉핥기식으로 쓰윽 읽는 것은 기억 속에 오래 남지도 않지만, 전체 글의 흐름을 정확하게 파악하기도 힘들다. 읽었으나 남는 게 없는 독서가 되지 않으려면 정독이 필수다.

독서 틈틈이 메모하라

나폴레옹은 정독을 했을 뿐 아니라 중요한 내용은 꼼꼼하게 기록해두었다. 그의 주변 사람들은 그를 '잘 정리된 서랍 같은 두뇌'라고 평가했다. 체계적으로 정리되어 있는 지식을 필요한 순간마다 적절히 활용했기 때문이다.

독일의 학자 오스트발트는 위인이나 성공한 사람들의 공통점이 무엇인가를 조사하다 두 가지를 밝혀낸 바 있다. 그것은 긍정적인 사고와 독서였다. 그들은 책을 통해 영감을 얻었고, 지식을 넓혔으며, 세상의 흐름을 파악했고, 자기 자신을 돌아봤다. 그들은 독서가 성공의 문을 열 수 있는 열쇠라는 것을 진작부터 알고 있었던 것이다.

대화의 기술을
향상시켜주는 독서법

어떤 사람과 단 둘이 만났다. 그런데
그 사람은 내내 말없이 밥을 먹거나 차만 마신다. 질문을 해도 돌아오
는 것은 단답형이다. 그 사람과 앉아 있는 게 지루하고 불안하다. 친
한 사람이라면 침묵도 대화일 수 있다. 그러나 그 사람은 두어 번 만났
을 뿐이다. 도대체 어떻게 생겨먹은 사람이기에 이렇게 말이 없을까.

이런 경우에는 두 가지를 생각할 수 있다. 그 사람의 성품이 과묵할
경우와 아는 것이 없을 경우다. 대화를 하려 해도 머릿속에 든 것이 없
으니 나올 말이 없다.

후자의 경우에는 그 사람이 독서를 등한시해왔을 거라는 걸 미루
어 짐작할 수 있다. 말을 하는 것은 입이 아니다. 입은 말을 내뱉는 도
구일 뿐이다. 말의 실체는 그 사람의 머릿속에 들어 있는 생각이다.
생각이 깊으면 말이 깊고, 생각이 창의적이면 말도 창의적이고, 생각

이 독특하면 말도 독특하다. 이런 생각의 수준을 높여주는 것이 바로 독서다.

프랭클린 루스벨트 미국 대통령은 대화를 통해 많은 친구를 사귄 것으로 유명하다. 그를 만난 사람은 누구나 그로부터 존중받는다고 느꼈고, 그가 매우 박학다식한 사람이라는 걸 알았다고 한다. 그가 이런 평가를 받게 된 데에는 독서의 힘이 컸다.

두 명의 대통령을 배출한 루스벨트 가에는 아이들을 위한 독서 비법까지 전하고 있다. 그 비법은, "집안에 반드시 서재나 작은 도서관을 만들어라", "사전을 찾으며 독서를 하게 이끌어라", "의견을 자유롭게 말하게 하고 토론하게 만들어라" 등이다. 이러한 분위기에서 자랐으니 프랭클린 루스벨트 대통령의 화술이 뛰어날 수밖에 없었을 것이다.

화술은 비단 말 잘하는 것만을 의미하지 않는다. 상대가 자신의 말에 귀 기울이도록 하는 것까지 포함되기 때문이다. 상대가 당신의 말을 듣길 원한다면 먼저 상대의 말을 들어야 한다. 상대를 배려하고 상대의 말을 들을 줄 아는 사람만이 다른 사람들로 하여금 자신의 말에 귀 기울이게 할 수 있는 법이다.

화술을 향상시키기 위해서는 독서를 하는 동안 중요하거나 필요한 부분을 체크하는 것도 좋은 방법이다. 한 번 읽은 것을 다 기억할 수는 없다. 아무리 많은 책을 읽었어도 밑 빠진 독에 물 붓기가 되어버린다면 제대로 활용할 수 없는 법이다. 메모하는 습관은 기억의 서랍장을 잘 정리해두는 것이다. 한편 필요할 때마다 쏙쏙 빼낼 수 있도록 메모를 하고 체계적으로 관리하는 습관을 키우는 것이다.

신문을 읽는 습관을 가지는 것도 화술에 많은 도움을 준다. 신문은 매일 새로운 소식을 전해주는 당신의 정보원이다. 대화를 나눌 때 고 릿적 시절 이야기만 하고 있으면 제 아무리 말솜씨가 좋은 사람이라 도 상대를 지루하게 만든다. 더 심하게는 현재 어떤 일들이 일어나고 있는지 알지 못하니 대화에 참여할 수조차 없다. 세상 돌아가는 모양 새를 빠르게 파악하고, 그것에 대한 지식까지 갖추는 것이 필요하다. 만약 신문을 읽을 시간이 없다면 헤드라인 정도라도 읽는 것이 좋다. 그것만으로도 전체의 흐름을 파악할 수 있기 때문이다.

마지막으로 사색하는 습관을 키워라. 영국의 사상가 존 로크는 "독 서는 다만 지식의 재료를 공급할 뿐이며, 그것을 자기 것이 되게 하는 것은 사색의 힘이다"라고 강조했다. 책에서 읽은 내용을 앵무새처럼 읊조리기만 한다면 어디서 주워들은 지식을 아는 척하는 것에 불과하 다. 기억력이 좋아 이런저런 문구를 끌어다 쓰기만 하는 사람은 상대 에게 좋은 인상을 남길 수 없다. 오히려, 자신의 생각은 없고 말만 번 드르르한 허영기 가득한 사람으로 비춰질 수 있다.

사색은 책을 통해 공급받은 지식을 자기 것으로 만들 수 있을 뿐 아 니라, 자신과 세상을 좀 더 넓게 볼 수 있도록 하는 수련법이다. 독서 노트를 만들어 독서 감상문을 써보는 것도 한 방법이다. 길게 쓸 시간 이 없다면 짧게라도 쓰도록 노력하자. 사색할 시간을 가지는 것과 더 불어 글쓰기에도 큰 도움이 될 것이다.

가까이 두고
평생 읽을 책을 만들어라

　　나폴레옹은 그리스 역사가 폴리비오스
의 《역사(Historiae)》를 몇 번씩 읽고 나서야 로마가 세계를 지배한 까닭
을 알게 되었다고 한다. 폴리비오스의 《역사》는 원래 총 40권이었지
만 현재 남아 있는 것은 5권까지다. 6권 이후는 후세에 여러 학자들이
재발견해 편집한 것이다.

　　나폴레옹이 한두 권도 아닌 40여 권의 책을 여러 번이나 읽었던 것
은 다만 지식을 얻기 위해서가 아니었다. 그는 그 안에서 지혜를 구하
고, 그 지혜를 자신의 삶 속에 녹이려 한 것이다.

　　가장 찬란한 업적을 남겼던 세종대왕은 사서삼경을 100번이나 읽
었다. 같은 책이라도 읽을 때마다 다른 깨달음을 얻을 수 있다는 게 그
이유였다.

　　좋은 책은 좋은 스승이다. 그것도 늘 곁에 둘 수 있으며 필요할 때

마다 조언을 구할 수 있으니 편리하기까지 하다. 이러한 스승을 모시지 않을 이유가 없다. 다만 자신에게 맞는 스승을 찾아야 한다. 나폴레옹에게 필요한 것은 역사서였고, 세종대왕에게 필요한 것은 사서삼경이었다. 그들이 가고자 하는 길에 도움을 주었던 책이 당신의 길에도 도움이 되는 것은 아니다. 사람마다 관심 분야도 다르고, 생각도 다르다. 피아노를 전공하는 학생에게는 피아노를 가르쳐줄 수 있는 스승이 필요하고, 운동을 전공하는 학생에게는 운동법을 가르쳐줄 수 있는 스승이 필요한 것처럼 당신도 당신에게 필요한 스승이 있다.

저마다 스승은 다르더라도 스승이 제자를 대하는 마음이 한결같은 것처럼 당신이 늘 곁에 두어야 하는 책도 공통된 특성을 가지고 있다. 그것은 당신을 늘 일깨우고, 읽을 때마다 색다르고, 읽으면 읽을수록 더 깊은 사색에 잠기게 하는 책이다.

그러한 책을 만나려면 다량의 독서가 기본이다. 자신의 스승이 되어줄 책을 찾는 데에도 안목이 필요하기 때문이다. 스승이 될 수 있는 책과 만났다면 늘 가까이 두고 읽어라. 힘든 결정을 내려야 하거나 마음이 복잡할 때 그 책은 당신에게 기꺼이 길을 인도해줄 것이다.

능력을 발전시켜주는
글쓰기 노하우

인터넷이 일상화가 되어버린 현대는 예전보다 더 많은 글쓰기를 요구하고 있다. 우체국에 가지 않아도 이 메일을 통해 편지를 간단히 보낼 수 있으니 글을 더 자주 쓰게 된다. 또한 블로그, 카페, 트위터와 같은 인터넷 공간에서의 활동 중심에는 글쓰기가 있다. 심지어 핸드폰으로 주고받는 문자도 재치 있게 날리는 감각까지 필요로 한다.

이제는 글을 잘 쓰는 것도 경쟁력이다. 직접 만나 대화하는 것보다 인터넷 상에서 글을 통해 소통하는 경우가 더 많아졌으니 어찌 보면 당연한 현상이다.

글쓰기를 잘한다는 것은 문장력이 좋은 것만을 의미하지 않는다. 글쓰기는 소통이다. 읽는 사람이 글을 쓰는 사람의 의중을 쉽고 간결하게 파악할 수 있어야 한다.

글이 자신을 화려하게 치장하는 옷이 아니라 '상대와의 소통'이라는 것을 염두에 둔다면 당신의 글쓰기는 반은 성공한 것이다. 가장 좋은 글은 글쓴이의 진심이 묻어나는 글이다. 진심을 담은 글을 쓰는 사람이라면 굳이 어려운 어휘를 골라 쓰지도 않는다.

어떤 사람들의 글을 보면 미사어구가 난무하고 그 자신보다 더 나은 사람처럼 꾸미려 애쓰기도 한다. 그러나 앞에서도 말했다시피 글은 그 사람의 맨 얼굴을 보는 것처럼 솔직해서 꾸미는 문장은 다른 사람의 감동을 이끌어낼 수 없다.

송나라의 문인인 구양수는 글을 잘 쓰기 위해 갖추어야 할 방법으로 다독多讀, 다작多作, 다상량多商量을 말한 바 있다. 글쓰기의 기본으로 오래 전부터 보편적으로 사용되는 방법이다. 지금도 마찬가지이다. 책을 많이 읽고, 글을 많이 쓰고, 생각을 많이 하는 것이야말로 글쓰기의 수준을 가장 빠르게 높이는 길이다.

다독 : 많은 책을 읽되 반드시 정독하라

다독에서 주의할 점은 정독을 해야 한다는 것이다. 정독은 글의 구조나 논리 전개과정을 살필 수 있고 핵심을 보다 정확하게 파악할 수 있다. 정독하는 습관이 길러지게 되면 글을 정확하게 파악하게 되고, 이해하는 속도도 빨라지게 되어 글쓰기 능력을 동시에 키울 수 있다는 장점이 있다.

좋은 글을 많이 봐야 좋은 글을 쓸 수 있다. 무조건 많이 읽자는 생각으로 대충 읽어버린다면 아무리 글의 구조나 논리적 전개 과정이 좋아도 그 문장이 지니고 있는 것을 제대로 배울 수 없게 된다.

이뿐만 아니다. 독서가 끝난 뒤에는 반드시 요약 정리하는 습관도 길러야 글쓰기에 도움이 된다. 그래야 체계적으로 정리한 지식을 필요할 때마다 꺼내쓸 수 있다.

다작 : 글쓰기를 생활화하라

다작은 일단 많이 써보는 것이다. 악기를 다루려면 꾸준한 연습이 필요하다. 글도 그렇다. 좋은 글은 꾸준한 연습을 통해 나온다. 매일 일기를 쓰거나 메모하는 습관을 들이는 것도 꾸준히 글쓰기를 연습할 수 있는 하나의 방법이다.

사실 매일 일기를 쓰다보면 그다지 할 말이 없다는 것을 깨달을 때가 있다. 어제와 같은 오늘이 반복되었을 뿐이기에 딱히 쓸 만한 주제가 없다고 여긴다. 그러나 그것은 자신의 일상을 제대로 관찰하지 않은 데에서 기인한 문제다. 소소한 일도 그날 일기의 주제가 될 수 있다. 가볍게 스쳐 지나치지 않고 그것을 자세하게 제대로 관찰한다면 다른 많은 이야기들이 나올 수밖에 없다. 때문에 일기를 쓰는 습관이 정착되어 제대로 자리를 잡는다면 글쓰기뿐 아니라 당신도 모르는 사이에 관찰력까지 키울 수 있게 된다.

글쓰기 연습의 또 다른 방법으로 필자는 하루에 세 통씩 편지를 써볼 것을 권한다. 매일 세 통의 편지를 쓴다는 것은 생각만큼 쉬운 일이 아니다. 그러나 가족과 지인들, 동료들의 행복을 기원하는 마음으로 그들에게 편지를 쓰다보면 글쓰기 연습이 되면서 인간관계에도 대단히 큰 성과를 맛볼 수 있다.

글을 쓴 다음에는 자신이 쓴 글을 소리 내어 읽어보는 것도 필요하다. 눈으로 읽기만 했을 때 지나칠 수 있는 비문도 소리 내어 읽게 되면 레이다에 잡히듯 눈에 띄어 잡히게 된다. 비문인 줄도 모르고 계속해서 그 잘못된 문장을 쓰다보면 좋지 않은 습관이 생길 수도 있으니 글쓰기를 마친 후에는 가능한 소리 내어 읽어보도록 한다.

다상량 : 생각에서 멈추지 말고 탐구하고 깨달아라

다상량多商量의 상은 생각할 상想이 아니라 헤아릴 상商을 쓰고 있다. 이는 단지 많은 생각을 하는 것만이 아니라 학문을 탐구하고 깨달아가는 과정까지 포함하고 있음을 의미한다.

글쓰기는 자신의 머릿속에 있는 것을 끄집어내는 행위다. 또한 '글'은 피아노나 기타와 같은 악기처럼 표현을 원하는 사람의 도구이기도 하다. 자기 안에 아무것도 들어 있지 않으면 '글'은 나올 수가 없다. 많은 독서와 많은 생각이 바탕이 되어야 비로소 좋은 글도 쓸 수 있는 것이다.

글을 보면 그 사람이 보인다고 한다. 글을 쓰는 사람의 심성이나 수준이 문장을 통해 고스란히 드러나기 때문이다. 글을 쓴 사람은 열심히 쓴다고 썼는데 주제나 근거가 뚜렷하지 않아 무슨 글인지 알 수 없다면 글을 읽는 사람을 매료시킬 수 없다. 업무 보고서나 프레젠테이션 자료에 비문이 많거나 요점 파악이 잘 안 돼 있으면 자신이 지닌 능력보다 과소평가될 수도 있다.

글을 잘 쓴다는 건 자신의 경쟁력에 성능 좋은 무기를 장착하는 것과도 같다. 다독, 다작, 다상량을 습관화하는 것이 무엇보다 중요하다.

Part 3

시스템을 길들이는
실행통찰력

1

시스템을 완성시키는
실행통찰력

승자의 예측능력은
노력에 의한 '본능'이다

세방여행사를 설립한 오세중 회장은 6·25전쟁 때 혈혈단신 월남한 인물이다. 그는 혼자 힘으로 학비를 벌어 고려대 영문과를 졸업했다. 그 후 노스웨스트 항공에 취직해 5년간 근무하면서 국제 감각을 익혔다. 마침 그때 국영여행사인 '대한여행사'가 그를 스카우트했다. 그러던 어느 날, 그는 런던과 뉴욕 간에 제트여객기가 등장해 대량수송이 가능해졌다는 소식을 접하게 되었다. 그때 그는 "앞으로 해외여행은 여유 있는 사람들만이 누릴 수 있는 특권이 아니라 대다수가 누리게 되는 문화가 될 것이다"라고 예측했다.

얼마 후 그는 대한여행사를 나와 친구들과 세방여행사를 창립했다. 창립 초기에는 직원이 여섯 명밖에 되지 않는 작은 회사였다. 그러나 고속도로 개통 이후 한국의 관광사업이 급물살을 타기 시작했고, 그의 예측대로 일본 관광객들이 한국으로 들어오면서 사업은 대성황을 이루었다.

　오세중 회장의 성공요인이 뭘까? 다른 사람들에게는 오직 '뉴스' 에 지나지 않은 것을 그는 거기에서 미래를 내다보았다. 즉 예측능력 이 있었던 것이다. 그가 다른 사람들보다 감이 뛰어나 그러한 능력을 가진 것은 아니다. 항공사와 여행사에서 근무하는 동안 그 업계의 비 전을 보았고 그와 동시에 자기계발을 꾸준히 한 덕분이었다.

　사업에서 성공한 대부분 사람들은 다른 사람들이 보지 못하는 곳 에서 기회를 포착한다. 그것이 가능한 것은 세상 돌아가는 흐름을 정 확하게 파악하고 있기 때문이다. 기회는 흐름을 타고 오는 법이다. 그 안에서 기회인지 아닌지를 파악하는 게 바로 통찰력이다. 그러한 통 찰력을 가지지 않고서는 예측능력도 없다. 예측능력은 토끼를 사냥하 는 호랑이처럼 동물적인 감각에만 의존해 가질 수 있는 것이 아니다.

　예측능력을 가지고 있는 사람들 대부분은 다른 사람들보다 한 발 빨리 움직인다. 늘 경기의 흐름을 파악하고, 국제 또는 국내 정세를 읽어내고, 정확한 고급 정보와 지식을 소유하는 데 투자를 아끼지 않 는다. 고도의 치밀함과 노력, 인내심, 자기 절제력 등으로 그들은 더 많은 기회를 발굴하기 위해 항상 눈과 귀를 열어두고 있다.

　때문에 그들은 다른 사람들이 보지 못하는 기회도 자신의 것으로 잡아낼 수 있는 것이다. 그들과 같은 예측능력을 키우기 위해서는 평 소 네 가지의 습관을 유지해야 한다.

지식습득에 매진하라

자신의 분야와 관련된 전문적인 지식을 가지는 것과 동시에 다른 분야에도 눈을 돌려 다양한 지식까지 습득해야 한다. 성공한 사람들은 자신의 분야와 관련된 지식만을 습득하지 않는다. 경제·경영, 소설, 예술, 역사 등 다양한 분야에 관심을 가진다. 각 분야의 지식은 하나하나가 완전한 자기 분야를 완성하고 있지만 그와 동시에 다른 분야와 복합적인 관계를 형성하고 있다. 사람들의 심리를 읽어내지 못하는 영업은 성과를 낼 수 없다. 또한 예술적 가치를 포함하지 못한 기술은 시대에 뒤떨어지는 결과를 낳는다. 이제는 한 분야를 다루더라도 또 다른 분야와 연관성을 갖기 마련이다. 또한 시류를 읽어내기 위해서라도 다양한 분야에 눈을 돌려야 하는 것이 현재의 추세다.

삼성 이병철 회장은 인간을 이해하는 폭이 넓은 경영자의 자세를 강조하면서 손자에게 역사학 전공을 권유했다고 한다. "경영자가 되기 위해서는 경영이론을 배우는 것도 중요하지만 인간을 이해하는 폭을 넓히는 것도 중요하다. 학부과정에서는 사학이나 문학 같은 인문학을 전공하고 경영은 외국에서 공부하는 것이 좋다"라고 말했다. 그는 역사에서 교훈을 찾고 미래를 내다보는 감각을 키울 수 있다고 믿었다. 실재로 역사는 반복되는 부분이 있다. 시대가 아무리 바뀌어도 인간의 기본적인 성향이나 행동은 크게 변하지 않기 때문이다. 과거든 현재든 세상을 이끌어나가는 것이 사람들의 의지와 노력에 의한 것이라면 과거를 읽는 것은 현재를 읽는 것이고, 더 나아가 미래를 예측할 수 있는 것이다.

신문에서 시류를 파악하라

국내뿐 아니라 국외의 흐름에 관심을 기울이고 신문을 챙겨 읽도록 한다. 경제는 그 사회의 문화, 정치와 관련이 깊다. 경제 따로, 문화 따로, 정치를 따로 구분하여 진행하는 것이 아니라 서로 거미줄처럼 얽혀 영향을 주고받는 불가분의 관계다. 정치적인 문제로 주가가 하락한다거나, 문화적인 문제로 어떤 분야의 사업은 흥할 수 없다거나 하는 사례들을 많이 보았을 것이다. 한 사회의 흐름을 입체적으로 파악하는 노력이 있어야 예측능력을 가질 수 있다.

창의적인 감각을 키워라

1 더하기 1은 2라는 걸 누구나 알고 있다. 누구나 알고 있는 미래를 예측하는 것은 참 의미에서 예측이 아니다. 한 발 앞서 나가 다른 사람들이 보지 못하는 것까지 볼 수 있어야 예측이라 할 수 있다. 현재의 상황들을 파악하는 것은 정확하게, 그러나 미래를 예측할 때에는 고정관념에서 벗어나 창의적으로 볼 필요가 있다.

사소한 것도 살필 줄 아는 세심한 관찰력을 키워라

어느 한 지역에서 일어난 나비의 날갯짓이 뉴욕에 태풍을 일으킬 수도 있다는 '나비효과 이론'이 있다. 이는 사소한 사건이 전체에 막대한 영향을 미칠 수도 있다는 것을 의미한다. 보통 사람들은 언론 등에서 떠들어 이슈가 되었을 때 비로소 관심을 가진다. 그러나 이제는 그러한 일도 사전에 미리 파악할 수 있는 세심한 관찰력을 늘 가지고 있어야 한다.

길 저편에 보물이 있는 것을 아는 사람과 모르는 사람이 있다고 가정해보자. 알고 있는 사람은 모르고 있는 사람보다 더 빨리 출발해 보물을 손에 쥘 수 있다. 그건 그냥 운이 좋아서가 아니다. 보물이 있는 곳을 알기 위해 평소 지도를 읽는 방법, 지도를 찾는 노력 등 자신이 할 수 있는 모든 일에 최선을 다했기 때문이다.

예측능력은 꾸준한 노력으로 얻어낸 '과학적 직감'이다. 능력이 없다고 한탄할 필요가 없다. 능력이 없는 것이 아니라 능력을 키우기 위한 노력이 부족했다는 것을 인지하는 게 먼저다. 어떤 면에서는 차라리 다행스럽지 않은가. 예측능력은 아무리 애를 써도 가질 수 없는 것이 아니라 자신의 노력 여하에 따라 얼마든지 가질 수 있으니 말이다. 이는, 당신 또한 예측능력을 십분 발휘해 성공의 문을 활짝 열 수 있다는 뜻이기도 하다.

관계를 꿰뚫는 통찰력과
인문학적 감수성을 키워라

사이버 공간에서 홍수처럼 넘쳐나는 정보는 장점이면서도 단점이다. 누구나 쉽게 접근할 수는 있지만 모든 정보의 질이 높은 것은 아니기 때문이다. 정보는 정보일 뿐이다. 구슬이 꿰어야 보배가 될 수 있듯이 여기저기 흩어져 있는 정보는 굴러다니는 구슬에 불과하다. 따라서 그 이전에는 어떤 가치도 가지지 못한다. 정보를 가치 있는 완성품으로 만들기 위해서는 관계를 꿰뚫는 통찰력이 필요하다.

통찰력은 눈에 보이지 않은 사물이나 현상의 본질을 파악하는 능력이다. 이러한 능력을 키우는 건 인문학이다. 인문학이 가지고 있는 종합적 사고와 통찰력은 정보를 조합하고 분석하고 꿰뚫는다.

많은 기업들이 인문학의 중요성에 눈을 돌리는 이유도 여기에 있다. 구글 TV나 아이폰 같은 제품들은 소비자들의 욕구를 파악해 생산된 결과물들이다. 구글 사나 애플 사는 하드웨어 중심의 제품은 이제 더 이상 소비자들의 감성을 자극할 수 없다는 것을 예측했기에 소프트와 콘텐츠 중심의 서비스로 빠르게 전환할 수 있었던 것이다. 소비자의 감성을 읽어내지 못하는 기업은 살아남을 수 없다. 이는 애플의 최고 경영자 스티브 잡스가 애플 론칭 발표에서 "기술과 인문학의 교차점에서 고민한다"라면서 인문학 중심의 애플 철학을 강조한 것에서 여실히 드러난다.

현대는 기업의 '기술'만으로 살아남을 수 없다. 인간의 감성을 읽어낼 줄 아는 통찰력이 필요하다. 통찰력 없이는 소비자의 욕구를 충족시킬 수 없기 때문이다. 이러한 분위기를 빠르게 파악해낸 기업들은 직원들의 인문학을 함양시키기 위한 투자를 아끼지 않고 있다.

한때, 우리 사회에서는 인문학을 실용성과 대척점에 두고 인문학의 위기를 거론한 적이 있다. 대학마다 인문학과를 폐쇄하거나 통합하고, 인문학 전공자의 취업률은 갈수록 낮아지기도 했다. 이러한 상황은 지금도 진행 중이다. 그러나 이러한 태도는 인문학을 실용성과 상반된 것으로 보는 낡은 시대착오적 발상이다. 인문학적 소양을 닦는 건 장기적인 투자다. 당장 필요한 전문적 지식에만 관심을 기울이면 단기적 성과를 낼 수 있을지는 모른다. 그러나 여러 요인이 복잡하게 얽혀 있는 문제를 풀 수 있는 능력은 인문학적 소양을 가진 사람이 더 낫다. 따라서 전문적 지식에 인문학적 소양까지 함양하도록 하는 것이 장기적 성과를 내는 데 효과적이다. 뿐만 아니라 인문학적 소양은 자신의 생각조차 비판적으로 사고하게 만들어 보다 객관적이고 냉

철한 사고를 할 수 있도록 유도하는 장점을 가지고 있다.

실제로 우리나라에서도 많은 경영자들이 인문학적 교양을 쌓기 위해 노력 중이다. 롯데백화점 이철우 사장은 "글로벌 기업으로 성장하기 위해서는 거시적인 안목을 위한 인문학적 소양이 필요하다"라고 강조하며 국내 기업으로는 최초로 서울대 인문학부 최고 지도자 과정을 사내에 개설해 임직원을 상대로 강좌를 열기도 했다.

많은 경영자들은 현대를 역사, 문학, 그림과 같은 인문학을 공부하고 이를 현실에 적용시켜 나가는 것이 필요한 시대라고 역설하고 있다. 때문에 기업에서 원하는 인재상도 인문학적 소양을 갖춘 비판적 사고를 지닌 사람인 것이다.

정보와 지식은 남에게서도 얻을 수 있지만 인문학적 감수성은 철학, 사회, 역사, 문학과 같은 다양한 학문을 꾸준히 함양해야지만 구할 수 있다. 이러한 학문을 통해 자기성찰을 해낸 사람만이 사회와 조직, 조직과 인간, 인간과 인간의 관계를 꿰뚫을 수 있는 것이다.

인문학적 소양을 키우지 않고서는 시대의 변화와 함께할 수 없음을 명심하라.

실행통찰력은
익숙한 것과의 결별이다

　　　　　　　　지금은 고인이 된 현대그룹 정주영 회
장의 행동력은 많은 일화를 남겼다. 그는 행동력만이 아니라 통찰력
이나 도전정신도 남달랐다.

　그의 도전 정신을 잘 보여주는 일화가 하나 있다.

　정주영 회장이 부산에서 건설회사를 경영하던 때의 일이다. 아이
젠하워 미국 대통령이 한겨울에 한국을 방문한 일이 있었다. 그의 방
문 일정 중에는 부산 유엔군 공원묘지도 포함되어 있었는데, 미국 정
부는 한겨울이라 썰렁한 분위기이니 잔디를 깔아달라고 요청했다. 우
리 정부 입장에서는 난감한 일이 아닐 수 없었다. 한겨울에 잔디를 깔
방법이 없었기 때문이다. 그때 나선 사람이 정주영 회장이다. 그는 자
신이 해결할 수 있다며 그 일을 맡겨달라고 했다. 며칠 후 부산을 방문

한 아이젠하워 대통령은 푸른 잔디로 뒤덮여 있는 공원묘지를 볼 수 있었다.

정주영 회장은 한겨울에 구하기 힘든 잔디를 까는 대신 파릇한 빛을 내는 보리 싹을 심었던 것이다. 놀라움을 금치 못했던 사람들은 어떻게 이런 생각을 해냈는지를 물었다. 그러자 정주영 회장은 거침없이 대답했다.

"그들이 원했던 것은 잔디가 아니라 푸른빛이라네. 나는 그들이 바라는 대로 푸른빛을 입혔을 뿐이네."

정주영 회장은 상대가 원하는 것을 정확하게 파악했을 뿐 아니라 더 나아가 그것을 기발한 아이디어로 이루어냈다. 상대가 무엇을 원하는지 정확하게 파악하는 통찰력이 있어 가능했던 것이다. 상식적인 선에서만 해결하려 했다면 정주영 회장은 답을 찾아내지 못했을 것이다. 이 일화가 빛을 발할 수 있었던 것은 그가 관습을 벗어난 사고로 인해 멋지고 대범하게 실행시켰다는 데 있다.

통찰력은 현상이나 사물을 통찰하는 능력이다. 실행력은 자신의 생각을 실행시키는 힘이다. 실행력이 없는 통찰력은 그림의 떡이고 종이 호랑이에 불과하다. 또한 통찰력이 없는 실행력은 나침반이 없는 항해와도 같다. 통찰력과 실행력은 함께 움직여야 비로소 그 힘을 발휘할 수 있다. 그러나 이 두 능력에 힘을 부여하는 것은 관습도 뛰어넘을 수 있는 '발상의 전환'이다. 이렇듯 통찰력은 관습적인 사고의 전환을 필요로 한다.

발상의 전환은 익숙한 것에 안주해서는 가질 수 없다. 기존의 것에 구애받지 않고 새로운 곳에서 아이디어를 찾아 그것을 실행시키려는 배짱과 열정이 필요하다. 이러한 장점을 가장 잘 발휘하고 있는 사람은 애플 사의 스티브 잡스다. 창의적이면서도 파격적인 사고와 결합한 그의 실행능력은 많은 사람들이 선호하는 디지털 제품을 만드는 데 성공할 수 있는 기반이 되었다. 스티브 잡스는 어떻게 그렇게도 창의력이 뛰어날 수 있는 것일까? 그 비밀은 아래의 문장에 있다.

"Think Different."

이 문장은 스티브 잡스가 경영하는 애플 사의 경영가치 슬로건이다. 그런데 이상하지 않은가. 영어를 조금이라도 아는 사람이라면 바로 눈치 챘을 것이다. 문법이 틀렸기 때문이다.

"Thinking Different."

"다르게 생각하기"의 정확한 문장은 "Thinking Different"이다. 설마 세계적인 기업 애플 사에서 문법을 몰라 "Think Different"를 외쳤던 것일까? 아니다. 독창성과 새로움을 강조하기 위해 의도적으로 문법까지 파괴한 것이다.

애플 사의 '애플Apple'은 명칭부터 독특하다. 사과는 컴퓨터와 어울리는 이름이 아니다. 그러나 그들이 초기 로고에서 '사과나무 아래에 누워 있는 뉴턴'을 이미지화한 것을 보면 컴퓨터와 애플은 마치 운명처럼 만날 수밖에 없었던 관계인 듯하다.

그들의 새로움은 명칭과 이미지로만 끝나지 않았다. 그 당시 키보드로 입력해야 했던 타 회사의 제품과는 달리 마우스를 사용한 매킨토시, 다른 컴퓨터와 차별화해 최고의 디자인을 구현한 '애플'이라는 컴퓨터를 만들어내기까지 했다.

애플 사의 "다르게 생각하기"는 경쟁사에서는 생각하지 못한 획기적인 제품을 만들어내는 힘이다. 또한 그들의 성공신화에 많은 사람들이 매료될 수밖에 없었던 것도 바로 그 때문이다.

성공의 적은 관습적인 사고방식이다. 남들과 다른 생각을 하고 그것을 실행으로 옮기기 위해서는 끊임없는 자기계발이 요구된다. 스스로를 발전시켜 나아가라. 그러면 당신도 누구보다 성공할 수 있는 인생을 살 수 있다.

세상에는
공짜란 없다

"세상에 공짜는 없다"라는 말을 많이 들어왔을 것이다. 혹은 경험을 통해 "정말 공짜는 없네"라며 생각한 적도 있을 것이다. 그런데도 '공짜'는 유혹처럼 달라붙어 여간해서 떨어지지 않는다. "노력하지 않고서도 얻을 수 있는 것이 있다면 얼마나 좋을까"라고 바라는 게 사람의 심리다.

그러나 우리의 인생은 우리가 노력한 만큼의 가치만을 준다. 노력하지 않고 얻을 수 있는 건 이 세상에는 없다. 그런데도 그러한 바람을 가지고 있다면 자기계발을 등한시하는 오류에 빠질 수 있다. 즉, 포도나무 아래 여우처럼 가만히 앉아 입만 벌리고 있느라 시간을 다 허비하게 되는 것이다. 또는 노력할 생각을 접고 공짜나 요행이 있는 곳을 기웃거리게 된다. 인생역전을 꿈꾸며 매주 복권을 구입하거나 도박에 눈을 돌리거나 그것도 아니면, 가만히 앉아 큰돈을 쥘 수 있는 여러 경우의 수를 계산만 해보는 것이다. 어떤 사람들은 노력이랍시고 투기를 하기도 한다.

투기와 투자는 다르다. 투자는 장래의 분명한 목표를 가지고 합리적이면서도 이성적으로 벽돌을 쌓는 노력을 하는 것이다. 그러나 투기는 요행을 바라며 기회만 엿보는 것이다. 기회를 엿보는 것에도 노력이 필요하다고 생각한다면 그것은 잘못된 생각이다. 투기에서 기회는 노력을 통해 능동적으로 만들어나가는 기회가 아니라 그야말로 '운'을 의미하는 것이기 때문이다.

'운'이 좋아 성공한 사람이 더러 있기는 하다. 거액의 복권에 당첨된 사람들이 그 예다. 그러나 별안간 생긴 횡재를 감당하지 못해 오히려 불행해진 경우가 많다. 가정이 파탄이 나거나 개인의 생활이 비정상으로 되기도 한다. 돈은 본인이 정당한 노력을 통해 벌어야만 비로소 참된 의미를 갖게 된다. 경제적인 가치를 느끼지 못하는 돈은 참된 부가 될 수 없다.

"눈앞에 돈이 떨어져 있는데 줍지 않을 사람이 어디 있겠는가?"라고 당신은 생각할 수도 있다. 주인이 없는 돈이니 가져가도 된다고 자기 합리화를 할 수도 있다. 하지만 세상에 주인 없는 돈은 없다. 공짜라고 생각한 것이 사실은 다른 사람의 것을 빼앗는 것일 수도 있다. 또한 주워도 괜찮다고 생각하는 그 마음은 자신의 힘으로 무언가를 해보겠다는 의지를 없애버리는 독으로 작용할 수도 있다.

당신을 성공으로 이끄는 가장 중요한 요소는 성공하고자 하는 의지를 확고히 다지는 것이다. 의지가 강한 사람은 쉽게 얻을 수 있는 것에 유혹 당하지 않는다. '유혹'이 '유혹'인 것은 '사람을 꾀어 혼미하게 하며 좋지 않은 길로 인도'하기 때문이다. 긍정적이거나 바람직한 것에는 애당초 유혹이라는 단어를 쓰지 않는다.

우리는 '떨어진 돈'에 대한 유혹을 과감히 떨쳐낼 필요가 있다. 씨앗은 뿌린 대로 거두기 때문이다. 콩 심은 데 콩 나고, 팥 심은 데 팥 난다. 그것이 세상 이치다. 그 이치를 생각하지 않고 횡재를 바라는 사람은 콩이든 팥이든 수확을 해낼 수가 없다.

성공하기를 원하지 않는 사람이 어디 있겠는가? 대부분의 사람들은 자신의 인생이 성공한 인생이 되기를 간절히 바란다. 그럼에도 성공을 준비하는 노력은 등한시한다.

당신은 어느 쪽인가? 바닥에 떨어진 돈을 즐겁게 줍는 쪽인가? 아니면 남의 손을 통해 얻은 것은 그 기쁨도 남의 것이 된다는 것을 아는 쪽인가?

가설을 세우고
검증해보라

"스마트폰이 인기를 끈다. 그중 특정한 회사의 제품이 시장을 선점하고 있다."

당신은 이런 유형의 기사를 읽은 적이 있을 것이다. 그러면 보통 "그렇구나" 하고 무심히 지나친다. 그러나 이 기사가 정말 사실인지 한번 확인해보라. 그것을 확인하는 방법은 간단하다. 공공장소에서 사람들이 들고 다니는 휴대폰을 유심히 살펴보면 된다. 확인이 되었다면 어째서 그 회사의 제품이 인기를 끌고 있는지를 밝혀보라. 어떤 특정한 기능 때문인지, 디자인이 유달리 뛰어나서인지, 비교적 편리한 작동법 때문인지를 파악해보는 것이다. 파악하는 방법으로는 본인이 직접 그 제품을 사용해보거나 주위 사람들이나 온라인 인맥을 이용해 간단한 설문지를 돌릴 수도 있다.

가설을 세우기 위해 꼭 언론매체를 통할 필요는 없다. 우리 주변에서도 가설을 세워 검증할 수 있는 일들은 얼마든지 많다.

예문을 들어보자.

"어제 버스를 타고 명동을 지나치는데 화장품 가게 앞에 일본어 간판이 걸려 있는 것을 보았다."

어제는 얼핏 보고 지나쳤지만 당신은 그 간판이 자꾸만 아른거린다. 그래서 다시 명동을 찾아 이번에는 직접 골목 구석구석을 돌아보았다. 일본어 간판이 걸려 있는 것은 큰길에 나와 있던 그 화장품 가게뿐만이 아니었다. 대부분의 화장품 가게가 일본어 간판을 달고 있었고, 심지어 대부분의 점원들은 일본어를 사용하고 있었다. 화장품 가게를 기웃거리다보니 실제로 손님 중 3분의 2 이상이 일본인이었다.

"어째서 일본인 고객이 많은가?"

당신은 그 이유를 밝히기 위해 먼저 한국의 화장품과 일본의 화장품의 가격비교를 해볼 것이다. 그러다 한국의 화장품 가격이 훨씬 저렴하다는 것을 알게 된다. 그런데 단지 가격 때문일까? 싼 게 비지떡이라는 게 다만 우리나라에만 통용되는 사고방식은 아닐 것이다. 당신은 더 깊은 원인분석에 들어간다. 한국의 화장품은 품질도 뛰어나다는 것을 알게 된다. 그러다 일본인들이 주로 찾는 제품이 비비크림이라는 것을 알게 되고, 그 제품이 인기가 많은 이유를 분석하기 시작한다.

비비크림은 여자들의 기초화장 시간을 줄이는 장점이 있다. 메이크업베이스, 선크림, 파운데이션을 단계적으로 바르는 대신 비비크림 하나만 바르면 되기 때문이다. 여기까지 알게 된 당신은 그 다음 분석으로 들어갈 수 있다. 간편하게 화장할 수 있는 제품이 유행인데 일본에는 이러한 제품이 없는가. 그러면 다시 일본의 화장품 시장 동향과 한국의 화장품 시장 동향을 비교분석할 수도 있는 것이다.

"그럼 가설을 세우고 검증을 하는 이유는 무엇인가?"

가설은 두 가지의 유용성을 가지고 있다.

첫째, 자신의 기준을 만들 수 있다. 가설은 자신의 기준을 만드는 데 유용하다. 좀 더 쉽게 접근하기 위해 장바구니 물가를 예로 들어보자. 보통의 평범한 주부들은 경제 관련 공부를 하지 않지만 파나 양파의 물가를 통해 그 달의 경기 동향을 파악하기도 한다. 또는 서점에서 그 달 베스트셀러가 되는 서적들을 중심으로 전체 분위기를 읽어낼 수도 있다. 서점에서 많이 팔리는 서적 순위를 유심히 살피는 사람이 있다고 치자. 그는 몇 달 내내 높은 순위에 있는 서적들의 대부분이 '스타일'과 관련이 있다는 것을 발견해냈다. 그는 단순히 사람들이 '스타일'에 관심이 '많다'로 끝내지 않고 그와 관련된 서적들이 잘 팔릴 수밖에 없는 이유를 추리했다. 그러다 그는 '스타일' 관련 서적이 주류를 이룰 때에는 경기가 상승세를 타고 있지만, '위인전' 관련 서적이 치고 올라올 때에는 경기가 하락세를 이루고 있다는 것을 발견해낸다. 그 후 그는 서점에서 판매되는 서적의 순위를 통해 경기의 흐름을 읽어내곤 한다. 자신의 기준을 가지고 있으면 여러 자료를 찾아 헤매지 않고 효율적으로 핵심에 접근할 수 있다.

둘째, 보이지 않는 것까지 볼 수 있다. 가설을 반복해서 세우다보면 다른 사람들이 보지 못하는 것까지 볼 수 있는 눈을 갖게 된다. 그리고 작은 것 하나라도 무심코 지나치지 않게도 된다. 마트 진열대에 놓인 물건들의 우선순위를 눈여겨보거나, 주택가의 가로등 상표에서 공통점을 찾아내거나, 사람들의 헤어스타일을 관찰해 그렇게 된 배경과 원인을 찾아내고자 한다. 그것을 추리하고 검증하는 동안 자신도 모르는 사이에 사회의 흐름을 읽어내거나 유행의 특성을 파악하는 능력을 갖게 된다.

가설은 이처럼 많은 사람들에게 보편적으로 영향을 끼치는 것을 발견하고 그것의 원인을 설명해내는 것이다. 그냥 지나칠 수도 있는 일을 관찰해 가설을 세우면 우리가 살고 있는 사회의 흐름을 파악할 수 있다. 보편적인 흐름을 파악해야 새로운 것을 발굴해낼 수 있다. 상품 개발자를 예로 들면, 소비자들의 욕구에 맞는 제품을 생산해내기 위해서는 시장의 흐름을 파악하고 예측할 수 있어야 한다.

가설을 효과적으로 세우려면 다음의 세 가지에 유의해야 한다.

하나의 현상에 꼬리를 물고 깊게 파고들어라

깊게 파고들면 핵심까지 갈 수 있다. 핵심을 파악해야 전체의 흐름을 읽어낼 수 있기 때문이다. 이를테면, 특정 상표의 스마트폰이 인기를 끄는 핵심, 일본인들이 비비크림을 선호할 수밖에 없는 핵심을 찾아낸다면 핸드폰 시장이나 화장품 시장의 흐름이 눈에 보일 것이다. 더 나아가 전반적인 시장의 흐름에서 소비자의 욕구가 무엇을 향해 있는지도 알아낼 수 있다.

가설을 습관화하라

전철이나 버스를 탔을 때, 많은 사람들이 특정한 종류의 가방을 들고 있는 것을 보았다면 그것에 대한 가설을 세워볼 수도 있다. 사람들의 옷차림, 헤어스타일 등도 가설의 대상이 된다. 또는 특정한 지역에서 한 건설회사의 아파트만 있는 것을 보고 그 이유를 찾아내는 가설을 세워볼 수도 있다.

정확히 분석하라

가설을 세워 검증할 때에는 객관적인 데이터로 정확하게 분석해내야 한다. 가설은 어디까지나 추측일 뿐이다. 그렇기 때문에 최대한 주관적인 판단을 유보하고 객관적인 데이터에 의존하는 것이 좋다.

가설을 세우는 궁극적인 목표는 창의력에 있다. 세상 돌아가는 보편적인 흐름을 파악하고 끝내기 위해서가 아니라 그 흐름을 파악해 새로운 것을 만들어내기 위해서 가설을 세우는 것이다. 여기서 말하는 새로운 것이란 사람들의 보편적인 요구를 벗어나는 새로운 것을 의미하는 것이 아니다. 사람들의 보편적인 요구가 무엇인지를 분석하고, 그것을 바탕에 깔고 기존의 것보다 독창적인 것을 만들어나가는 것을 의미한다.

"신은 인간에게 숨기고자 하는 것을 인간 곁에 둔다"라는 서양 속담이 있다. 이 말은 우리가 미처 깨닫지 못하는 것이 우리 주변에 산재해 있음을 의미한다. 새로운 것을 찾기 위해 먼 길을 돌아갈 필요는 없다. 바로 우리 주변에서 일어나는 일들을 찾아 가설을 세우고 검증해보면 된다. 그러면 그 안에서 새로운 것이 발견될 것이다.

한 장으로 요약 가능한 '필터'를 만들어라

잡동사니를 서랍 속에 넣어두었다. 언젠가 유용하게 쓰일 것 같아 일단 보관해둔 것이다. 그런데 막상 필요해진 물건을 찾을 수 없다. 마치 작정을 하고 숨어버린 듯하다. 어디에 두었는지 애써 떠올리며 서랍 속 물건들을 죄다 꺼내보았지만 도통 보이지 않는다.

이런 일이 발생하지 않으려면 서랍을 체계적으로 정돈할 필요가 있다. 먼저 서랍장 안에 크고 작은 박스를 이용해 물품을 분리해 넣을 수 있게 만든다. 그런 다음 각각의 칸에 유형별로 나눈 물품들을 채워 넣는다. 한번 체계를 세우면 그 다음에는 자신이 찾고자 하는 물품을 쉽게 찾을 수 있다.

우리의 머릿속도 마찬가지다. 아무리 많은 정보를 가지고 있어도 제때 꺼내 쓸 수 없다면 애초 아무것도 가지고 있지 않은 것과도 같다.

정보를 요약한 후 목적에 따라 분류해 정리를 해두면 자신만의 맞춤 정보가 생긴다. 이때 필요한 것은 자신만의 '필터'를 갖는 것이다. 정보의 가치는 자기의 필요성에 의해 결정된다. 아무리 긴 글이라 해도 스스로가 중요하다고 생각되는 부분만 발췌해 단 한 문장으로 요약 정리하기도 한다. 자신의 전문 분야와의 관계, 그것을 활용했을 때의 효율성을 기준으로 하거나 좀 더 다양한 것에 관심을 두어 기준을 만드는 것도 좋다.

필터를 통해 걸러진 정보는 최대한 정확하고 간결하게 압축을 해둔다. 언제든 빼 쓸 수 있게 한눈에 들어오도록 체계적으로 분류해둔다.

요약 정보를 다양하게 사용하면 부가가치의 활용도를 높일 수 있고 정보검색 시간도 단축된다. 영업직원이라면 제품과 고객에 대한 요약 정보를 활용하여 상담을 구매로 연결시킬 수도 있고, 회사원은 자신의 업무만이 아니라 재무분석, 리스크 관리 등의 정보를 요약 축적해 기업이 필요로 하는 인재의 자질을 갖출 수도 있다.

그렇다면 효과적으로 요약하려면 어떻게 관리해야 하는가. 그것에 대한 요령은 다음과 같다.

첫째, 평소 대화내용을 메모하고 매일 일기 쓰는 습관을 들인다. 요약을 생활화하는 것이다. 필요한 정보는 따로 걸러내어 한눈에 찾을 수 있도록 기록해두는 것도 좋다.

둘째, 신문이나 잡지에 나오는 유용한 정보는 스크랩해둔다. 주제에 따라 분류해두면 자신에게 필요한 정보가 있을 때 찾기가 편하다.

이때 주의할 점은, 요약정보를 수집하는 것이 목표이기 때문에 전체 기사를 읽을 필요는 없다. 자신에게 유용한 부분만 골라 읽되, 다른 부분은 제목을 통해 그 내용을 짐작해두는 것이 좋다.

셋째, 대중매체가 전하는 정보를 받아들이는 것에 끝내지 말고, 그 것의 배경을 파악해 요약해둔다. 대중매체의 정보는 결과만 말할 때가 많다. 중요한 것은 결과가 아니라 그 결과가 있기까지의 배경과 원인이다. 배경과 원인까지 파악해 정보를 살펴 보다 입체적으로 받아들일 필요가 있다.

수많은 정보를 다 기억할 수는 없다. 기억해두어야 할 것도 있지만 잊어버려야 할 것도 많다. 때문에 중요한 정보만 빼내 의식적으로 머릿속에 저장해두어야 한다.

요약된 것을 기억하기 위해서는 '복습'이 가장 효과적이다. 요약해 정리해둔 메모를 다시 읽어보고 의식적으로 뇌에 저장시키는 것이다. 이때 소리를 내어 읽거나 상대가 앞에 있다고 가정하고 대화를 하는 것처럼 말하는 것도 좋다. 기억을 하고 있어도 말을 잘하지 못하면 요약된 정보의 활용도는 떨어진다. 어느 상황에서든 거침없이 말할 수 있는 훈련을 자체적으로 하는 것이 좋다.

요약은 텍스트를 논리적으로 파악하고 이해하는 힘이다. 때문에 단순히 텍스트를 간추려 정리하는 것만을 의미하지는 않는다. 인간관계에 있어서도 요약은 유용하게 활용될 수 있다. 상대방과의 대화에서 그가 말하고자 하는 바를 정확하게 파악하고 그의 개성을 알아차리는 것도 요약의 힘이다.

정보를 요약해서 체계적으로 분류하고, 필요할 때에는 바로 꺼내어 쓸 수 있는 기억력 훈련을 강화한다면 의사소통의 질도 높일 수 있을 것이다.

트렌드
헌터가 되라

 '스미스코로나'는 타자기 업계에서 세계 1위를 달리고 있는 기업이다. 스미스코로나에서는 사람들이 타자기를 계속 사용할 것이라 판단했고, 생산단가를 낮추기 위해 멕시코로 공장을 옮기기까지 했다. 문서작성 기능까지 있는 컴퓨터가 아니라 문서작성만 전문적으로 해내는 타자기의 가치를 그들 스스로 높이 평가한 것이다.

아이러니하게도 스미스코로나 임원 중 그 누구도 이러한 생각에 제동을 걸지 않았다. 그러나 자의든 타의든 확실히 스미스코로나는 타자기 업계에서 세계 1위를 달리고 있는 최고의 기업임은 틀림없는 사실이다. 다만 더 이상 타자기를 찾는 사람들이 없어졌을 뿐이다.

트렌드를 읽지 못한 기업은 막대한 대가를 지불한다. 우리나라에서도 그 대표적인 예를 찾아볼 수 있다. 바로 포털 사이트인 '프리챌'

이 그 예다. 프리챌은 한때 다음이나 야후와 어깨를 나란히 할 만큼 영향력이 큰 포털 사이트 중 하나였다. 커뮤니티 정모를 이끌어내는 카페를 만들었고, 아바타 시스템을 처음 도입하기도 했다. 많은 사람들이 프리챌에 환호했고, 프리챌 카페에서 활발한 활동을 하기 시작했다. 프리챌이 100만 개가 넘는 커뮤니티 주인들에게 "커뮤니티 사용료를 내지 않으면 서비스를 중단하겠다"라고 공식적인 발표를 하기 전까지는 그랬다.

포털 사이트에서 서비스 유료화에 관심을 가지는 건 당연한 일이다. 그 당시에는 돈이 될 만한 모델이 없었기에 프리챌이 나름대로 도전해본 것이다. 그러나 카페들은 문을 닫았고 회원들은 쏙쏙 빠져나갔다. 프리챌이 무너지는 데는 그리 오랜 시간이 걸리지 않았다. 프리챌이 심각하게 저질렀던 실수는 사람들의 성향을 읽어내지 못한 것에 있다.

시장을 선도하는 기업들은 트렌드에 민감하고 그것을 읽어내는 데 투자를 아끼지 않는다. 사람들의 관심사를 끌어낼 수 있는 창의성이야말로 오늘날 기업이 살아남을 수 있는 가장 중요한 미덕이 되어버렸기 때문이다.

이는 개인에게도 해당이 된다. 트렌드를 읽지 못하는 사람은 도태될 수밖에 없다. 때문에 당신은 트렌드 헌터가 될 필요가 있다. 트렌드 헌터가 갖추어야 할 자세를 살펴보자.

당연하고 상식적인 시각을 버려라

상식의 틀 안에서 생각하면 변화를 읽어내지 못한다. 자신의 상식으로 따져봤을 때 고가의 제품을 소비하는 사람들이나 불필요한 것을 소비하는 사람들은 그냥 이해하지 못할 사람이 되어버린다. 혹은 자신의 상식으로 따져봤을 때 지금의 흐름은 옳지 않은 것이나 고쳐야 하는 것으로 가치판단부터 해버린다. 가치판단은 사람이라면 누구나 가지고 있어야 할 미덕이다. 하지만 트렌드를 분석할 때에는 자신의 가치판단은 보류해두는 것이 좋다. 일단 정확하고 객관적인 분석이 선행되어야 하기 때문이다.

변화를 수용하라

변화를 힘들어하거나 변화에 대한 거부반응을 갖는다면 변화를 예측할 수 없게 된다. 변화를 거부한다고 변화가 오지 않는 것은 아니다. 변화에 휩쓸려 흔들리지 않기 위해서라도 변화를 수용하는 자세는 필수적이라고 할 수 있다.

스토리에 집착하라

유행하는 모든 것에는 스토리가 있다. 파리바게트는 '2030 여성들의 라이프스타일을 읽다'라는 마케팅 전략을 내세웠다. 이 같은 전략은 여성들의 라이프스타일의 흐름이나 그 원인을 읽어냈기 때문에 세울 수 있는 것이다. 한마디로 여성들의 이야기를 알고 있어야 한다는 말이다.

변화는 일종의 결과물처럼 보이지만 그 변화 뒤에 있는 것은 스토리다. 패션 소품, 가전제품에서부터 주택, 주식에 이르기까지 스토리 없이 존재하는 변화는 없다. 스토리를 읽어내는 것은 변화의 흐름을 읽어내는 것과 같다는 것을 잊지 말아야 한다.

직접 경험하라

백문이 불여일견이라고 했다. 직접 경험하는 것이야말로 가장 정확한 분석을 할 수 있고 믿을 수 있다. 스마트폰이 대세면 "요즘 유행하고 있구나"로 그치지 말고 본인이 직접 사용을 해봐야 한다. 경험을 통해 사람들이 어떤 가치에 환호하는지 무엇을 원하는지를 감지하는 것이다.

정보도 마찬가지다. 직접 경험해보려는 의지 없이는 흐름을 이해할 수 없다. 무엇이든 자신이 직접 뛰어들어 파악하려는 노력을 해야 한다.

앞서 나가는 사람은 트렌드를 분석하는 것에서 끝나지 않는다. 분석은 분석일 뿐이다. 분석을 통해 새로운 가치를 창조해야 한다. 그렇다고 분석을 하찮게 여긴 채 창의성에만 매달리라는 말은 아니다. 분석 없이 창의성만 있다면 자신만의 공간에서 스스로가 만족하는 것을 만드는 것과 같다.

사람들이 원하는 것이 무엇인지, 앞으로 무엇을 원할 것인지의 흐름을 파악하고 이해해야 좋은 아이디어도 나오는 법이다. 트렌드 헌터는 자료를 수집하고 트렌드를 분석해 이를 창의적인 아이디어로 변화를 주도하는 사람이다. 창의성은 트렌드에서 창출된다는 것을 잊어서는 안 된다.

2

나무처럼
로직을 짜라 :
통찰력

모방보다
적용이 더 중요하다

　　　　　　　모방은 배움의 기초 단계다. 세상의 어떤 것도 하루아침에 나타나지 않는다. 대부분은 이전의 것을 학습하고 배우는 것에서 시작한다. 또한 아무것도 만들어지지 않은 상황에서 새로운 것을 개발하기보다는 기존의 것을 차용해 활용하는 것이 훨씬 더 경제적이다. 가령, 성공한 사람의 시스템을 그대로 도입했을 때에는 시간을 경제적으로 사용할 수 있을 뿐 아니라 시행착오도 줄일 수 있다. 이미 시행착오를 거쳐 완성된 시스템이기 때문이다.

　이 모든 장점에도 모방은 완성 단계가 될 수 없다. 또한 모방의 모델은 이전에 확립된 것이기 때문에 현재에 맞게 재수정을 요하기도 한다. 환경과 특성에 알맞은 자신만의 시스템을 만들기 위해서는 남의 것을 베끼는 모방에 그치는 것이 아니라 자신의 것으로 소화한 뒤 발전시켜야 한다. 그래야만 '모방을 통한 혁신'을 이룰 수 있다.

'모방을 통한 혁신'은 포드의 최고경영자로 취임한 앨런 멀럴리 전 보잉 부사장이 자주 강조하곤 했다. 그는 실제로 보잉에서 성공을 거둔 '린lean 생산 방식'을 포드에 도입해 적은 비용으로 최적의 생산을 해내는 데 일조했다.

모방을 통한 적용이 혁신으로 나아갈 수 있기까지는 필연적으로 3단계를 거쳐야 한다.

1단계 : 자기를 객관적으로 평가하고 분석하라

자신에게 필요한 것이 무엇인지를 정확하게 파악하지 않으면 자신에게 적용할 수 있는 시스템을 배울 수 없다. 아무것이나 무턱대고 배우기보다는 자신의 능력을 최대한 끌어올릴 수 있는 시스템을 선택하는 것이 중요하다.

2단계 : 시스템의 정확한 작동원리를 이해하라

진정한 모방은 '어떻게' 움직이는가가 아니라 '왜' 움직이는가를 아는 데서 시작된다. 시스템의 형식에 치우치다보면 시스템을 운영하는 핵심이 무엇인지를 간과하게 된다. 쉬운 예로, '아침형 인간'이 되고자 노력하는 것은 아침 시간의 활용도가 다른 시간보다 훨씬 높기 때문이다. 그런데 아침형 인간이 되어야 하는 이유는 살피지 않고 그저 "남들이 아침형 인간이 되어야 성공한다고 하니 나도 그렇게 해보자"라고 따라하는 것은 시스템을 올바르게 운영하는 것이 아닐뿐더러 그러한 시스템은 오래 갈 수도 없다.

시스템의 작동원리를 정확하게 파악해야 자신에게 알맞은 시스템으로 수정·개선이 가능하다. 원리를 건드리지 않는 한에서 융통성을 발휘해 '맞춤 시스템'으로 적용시켜야 좀 더 편안하게 습관화할 수 있다.

3단계 : 아는 것과 행하는 것이 다르다는 것을 충분히 인식하라

물론 다들 '아는 것과 행하는 것'이 다르다는 것은 알고 있다. 다만 작심삼일의 마법에서 쉽게 빠져나오지 못하고 있을 뿐이다. 그런데 그런 마법에 빠져 있는 사람은 "아는 것과 행하는 것이 다르다"라는 것을 진정으로 알고 있는 것이 아니다. 진정으로 안다는 것은 뼈에 사무치도록 느끼는 것이다. 뼈에 사무치도록 느꼈는데도 행하지 않을 사람은 없다. 행동하지 않는 건 아는 것이 아니라 안다고 착각하는 것에 불과하다.

성공하는 사람들의 '성공'은 지행일치의 결과다. 적어도 자신이 무엇을 해야 하는지 알고, 그것을 행할 수 있다는 믿음을 가지고 있기 때문이다. 그러나 대부분의 사람들은 무엇을 해야 하는지를 알아도 그것을 행할 수 있다는 믿음을 가지고 있지 못하다. 수십 번, 혹은 수백 번은 더 자신과의 약속을 번복시켰던 경험이 있기 때문이다. 성공으로 가기 위해 성공한 사람들의 시스템을 운영하기로 약속을 했다면 바로 실천할 수 있는 의지를 다져야 한다.

모방의 의미는 보이는 그대로 재현하는 것에 있지 않다. 붕어빵을 찍어내듯이 똑같은 것만 생산해낼 거라면 굳이 시간을 들여 노력할 필요가 없다. 진정한 모방은 적용을 통해 새로운 가치를 창출해내는 데 있기 때문이다. 그러기 위해서는 항상 배우겠다는 겸손한 자세를 갖추되 자기에게 맞게 개선하려는 노력 또한 기울여야 한다.

콘셉트는
언어와 논리를 연결한다

하나의 콘셉트를 전개하라

A 기업의 콘셉트가 '고객지향'이라고 가정해보자. 그 기업은 시장조사, 제품개발, 광고, 판촉영업에 이르기까지 '고객지향'을 반영하여 전체적으로 고객의 관점에서 통합되고 조정된 마케팅 활동을 수행할 것이다.

모든 부서가 하나의 콘셉트 아래 일사분란하게 움직이면 각 부서 간의 소통도 원활해진다. 이는 전략적으로 시간을 단축시키고, 시행착오에 따른 비용을 줄이는 효과가 있다.

하나의 콘셉트를 전개하는 것은 인생의 전략을 세우는 것과 맞먹는다. 자신의 의도를 정확하게 파악해 자신이 갈 길을 선택하는 것이기 때문이다.

적어도 자신이 가고 있는 길의 의미가 무엇이며, 어디쯤 와 있는지를 파악하고 있어야 앞으로 어떤 길로 갈지를 결정할 수 있다. 자신의 의도를 정확하게 파악하지 못하는 사람은 다른 사람의 눈치를 보고 일을 진행하거나 다른 사람의 선택에 영향을 받아 결정을 내리게 될 확률이 높다.

인생의 길에는 수많은 갈림길이 있다. 그때마다 어디로 가야 할지 선택의 기준을 세울 수는 없다. 콘셉트는 자신의 기준점을 만들어 각각의 갈림길에서 일관성 있는 선택을 할 수 있도록 도움을 준다.

콘셉트를 활용하기 위해서는 세 가지 유의할 사항이 있다.

첫째, 콘셉트는 수립할 때부터 실행 요소를 가미해야 한다. 콘셉트와 실행을 별개의 문제로 생각해서는 안 된다. 콘셉트는 제대로 된 전략을 세우기 위한 기준점이다. 실행할 수 없는 콘셉트는 원래의 의도를 살려내지 못한다. 콘셉트를 제대로 수립하기 위해서는 실행 가능성을 먼저 타진해보아야 한다.

둘째, 콘셉트의 일관성을 유지해야 한다. 상황에 따라 콘셉트를 바꾸는 건 곤란하다. 그것은 콘셉트를 설정하지 않는 것과 같다. 주변상황에 따라 사람들의 반응에 따라 좌지우지된다면 자신의 의도를 살려낼 수가 없다. 기준점을 가지고 있으면서도 그 기준점을 제대로 활용하지 못하는 것만큼 안타까운 일은 없다.

또한 콘셉트와 전술은 구분이 되어야 한다. 즉, 의도와 전술은 별개의 문제다. 상황에 따라 전술을 바꿀 수는 있지만 콘셉트는 일관성을 가지고 있어야 한다. 지속가능한 콘셉트를 유지하는 것이 자신의 의도를 충분히 살릴 수 있는 길이기 때문이다.

셋째, 세부적인 전략까지 세워두는 것이 좋다. 콘셉트를 정하면 콘셉트에 따라 움직이면 된다고 생각하지만 이는 시행착오를 가져오기 쉽다. 현실적으로 모든 상황에 맞는 전략을 세우는 건 어렵다. 그러나 가능한 많은 상황에서 실행될 수 있는 전략을 만들고자 하는 노력은 필요하다.

하나의 콘셉트를 전개하는 것은 자신의 중심을 잡는 일이다. 외부적인 요인에 따라 쉽게 흔들리고 상황이 변할 때마다 우왕좌왕한다면 사회생활에서나 자신의 인생에서 큰 그림을 그려나갈 수가 없다.

뿌리 깊은 거목은 거친 바람에도 흔들리지 않는다. 변화무쌍한 사회에서 전술적인 순발력을 발휘하되 깊은 뿌리처럼 당신을 지탱해줄 콘셉트는 멈추지 말고 전개시켜라.

관계의 삼각형 구조를 익혀라

모든 사람들은 사회적 관계 속에 놓여 있다. 가족, 이웃, 직장과 같은 관계망 안에서 소속감이나 유대감을 느끼며 서로 관계를 맺는다. 어떤 관계든 대부분의 관계는 상호작용을 하게 되어 있다. 그래서 심리학자 칼 로저스의 "의미심장한 개인적 변화는 관계 속에서만 이루어진다"라는 말이 설득력을 얻는 것이다.

우리 사회에서 개인이 형성하고 있는 관계는 크게 개인과 개인, 개인과 집단의 관계로 나눌 수 있다. 개인과 개인의 관계를 세분화하면 가족, 친구, 이웃, 동료 등과의 관계로 나타나고, 개인과 집단의 관계를 세분화하면 직장, 동호회, 사회 등과의 관계로 나타난다.

개인과의 관계든 집단과의 관계든 관계를 어떻게 형성하느냐에 따라 성공적인 삶을 살 수도 있고, 실패하는 삶을 살 수도 있다. 동서고금을 막론하고 좋은 인간관계를 맺지 못하는 사람은 그 사회에서 손해를 볼 수밖에 없다.

이러한 관계를 좀 더 체계적으로 정리하는 것이 관계의 삼각형 구조다. 삼각형은 세 점을 선분으로 이어 만든, 그림에서도 기본적인 도형에 해당이 된다는 것은 다들 잘 알고 있을 것이다. 이 기본적인 도형을 '관계의 삼각형 구조'로 작성하면 초기 분석의 틀을 잡는 데 유용하게 활용할 수 있다.

만약 회사원이라면 자사, 고객, 경쟁사를 삼각형의 구조에 넣어 분석할 수 있다.

자사 : 자사의 역량을 평가해 전략을 분석한다.

고객 : 고객군을 정의하거나 동향을 분석한다.

경쟁사 : 경쟁사의 핵심 성공 요인을 도출한다.

삼각형 구조에서는 자사와 고객 간의 관계, 자사와 경쟁사의 관계, 고객과 경쟁사의 관계가 형성되어 있다. 이 구조를 통해 이들의 삼각 관계를 한눈에 파악할 수 있으며 자사에서 필요로 하는 개선안이 무엇인지 훨씬 명료하게 분석해낼 수 있다.

이와 같은 방식으로 개인과의 관계, 사회와의 관계에 대한 도식도 만들어낼 수 있다. 복잡하고 곤란한 관계라 하더라도 이 구조를 통해 관계의 유형을 더 깊이 파악할 수 있고, 관계의 문제점을 개선할 수도 있다.

삼각형의 세 변의 총합은 180도다. 60도인 세 변을 합했기 때문에 나오는 숫자다. 그러나 모든 삼각형이 정삼각형만 있는 것은 아니다. 어떤 삼각형은 한 변이 100도이고 다른 두 변이 각각 40도씩 나눠 가진 것도 있다. 이것을 '관계의 삼각형'으로 전환시키면 세 꼭지점에 있는 사람이나 단체가 가지고 있는 힘이 다 똑같지는 않다는 것을 의미한다. 즉, 관계의 삼각형을 통해 힘의 균형에 대한 접근도 가능하다는 것이다.

'관계의 삼각형'은 본인과 두 대상과의 관계에 대한 통찰력을 갖게 한다. 관계에 대한 통찰력은 보다 긍정적인 관계, 혹은 보다 나은 자신으로 만들 수 있는 힘이기도 하다.

로직트리를 전개하라

인생을 살다보면 크고 작은 문제에 봉착하는 경우가 많다. 문제가 닥쳤을 때 어떤 사람은 문제를 인정하지 않거나 인정을 하더라도 "잘 몰라서", "처음 겪는 일이라서", "시간이 없어서"와 같은 변명을 늘어놓으며 문제를 회피해버린다. 혹은 문제의 원인을 제대로 알고는 있지만 정작 가장 중요한 핵심은 파악하지 못하는 경우도 있다. 이는 문제를 끈질기게 파고드는 의지가 부족하기 때문이다.

'문제해결'은 '문제'를 반드시 해결해야 할 것으로 보는 사람만이 해낼 수 있다. 그들은 "방법을 찾자", "못 찾아낼 것은 아무것도 없다"와 같이 진취적인 모습으로 문제의 핵심에 접근하기 위해 집중력을 발휘한다.

문제의 해결책을 찾기 위해 집중을 하는 사람은 어떻게든 문제를 해결하고야 만다. 이러한 방식을 좀 더 과학적으로 전개해나가는 것이 '로직트리'다.

'로직트리'란 주어진 문제에 대하여 서로 논리적 연관성이 있는 하부과제들을 나무 모양으로 전개한 것이다. 원인을 추궁하는 'Why'를 활용해 현상을 파악한 다음, 해결책 'So How'를 찾아나가는 데 주안점을 두고 있다. 로직트리의 기본원칙은, '왜'라는 질문이 더 이상 나오지 않거나 '왜'가 더 이상 필요하지 않을 때까지 진행되어야 한다는 것이다.

로직트리를 전개할 때에는 제일 먼저 해결해야 할 문제가 무엇인지 파악하는 것이 먼저다. 그런 다음 주어진 문제에 대해 논리적으로 연관성이 있는 하부과정을 나무모양으로 전개해야 한다. 원인이나 해결책을 도출할 때에는 상상가능한 모든 것을 포함시켜야 한다. 원인은 자신이 생각하지도 못한 곳에서 나올 수도 있다. 당연히 모든 가능성을 구석구석 뒤져 로직트리의 하부구조에 체크해두는 것이 좋다. 이를테면, 문제의 시초가 된 것은 대분류가 된다. 대분류에 따라 중분류, 소분류로 차례를 나눈다.

이때 잊지 말아야 할 것은 끊임없이 '왜'를 생각하고 있어야 한다는 것이다. 원인이 무엇인지, 어째서 그런 일이 발생했는지 등의 생각의 끈을 놓지 않아야 한다. 그래야 시초가 된 문제의 핵심에서 벗어나지 않을 수가 있다.

효과적으로 로직트리를 작성하는 방법은 다음과 같다.

① 로직트리를 작성하는 목적을 분명히 해 목적에 맞는 세분화 기준을 세운다.
② 전체를 포함하면서도 중복되지 않게 인과관계를 설정한다.
③ 각각을 2~3개의 요소로 세분화한다.
④ 세분화가 중복될 것 같으면 빈칸으로 남겨둔다.
⑤ 더 이상 세분화할 수 없을 때까지 세분화한다.
⑥ 빈칸으로 둔 곳을 다시 생각해 채워넣는다.
⑦ 인과관계를 체크한다.

전개 방법에서 네 번째는 MECE(Mutually Exclusive and Collectively Exhaustive, 상호배제와 전체포괄)를 도입하는 것이 바람직하다. MECE는 중복이나 누락된 것 없이 문제를 전체적으로 파악하는 사고방식이다. 예를 들어, "고객관리에 실패한 이유는 무엇인가"라는 문제를 가지고 로직트리를 전개했다고 가정해보자. 하부구조에 시간약속, 고객과의 약속, 관찰력 부족을 들었다.

이때 시간약속과 고객과의 약속은 겹쳐지는 부분이기 때문에 하나는 제외한다. 혹은 고객과의 약속의 하부에 시간약속, 말의 약속과 같은 것을 구성한다. 이를 잘 활용하면 효율적으로 문제의 핵심에 도달할 수 있다.

　다음의 예시 도표는 3단계에서 끝냈지만 실제로 로직트리를 작성할 때에는 원인이 밝혀질 때까지 계속 확장시켜 나가야 한다.

　로직트리는 문제의 원인이 된 것의 중요도와 관련성을 계층적으로 정리하기 때문에 무엇을 먼저 해야 하는지 혹은 무엇을 뒤로 미뤄야 하는지를 정하는 데 효율적이다.

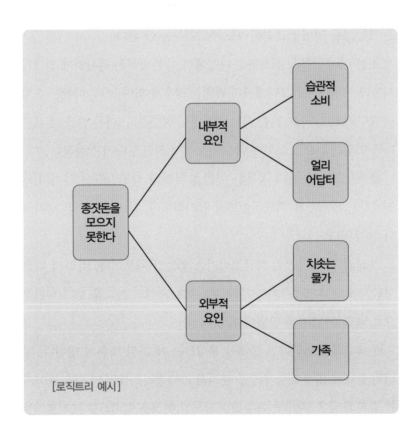

[로직트리 예시]

또한 꼭 있어야 하는 항목이 빠져 있지는 않은지, 누락되거나 중복된 것은 없는지 한눈에 살펴볼 수 있다. 사고의 논리적 연결을 계속해 나가다보면 전체적인 흐름과 각 항목간의 관계를 쉽게 파악할 수 있게 된다.

로직트리 작성은 하나의 문제에 대해 여러 각도에서 생각해보는 유연성을 필요로 한다. 입체적이고 다각적인 관점에서 문제를 바라봐야 하기 때문에 기존에 생각하고 있는 원인만을 떠올려서는 곤란하다. "이것만은 아니겠지"라고 생각한 것이 원인이 될 수도 있으니 모든 가능성을 열어놓고 하나라도 빠뜨려서는 안 된다.

또한 여러 항목을 전개하는 과정에서 어떤 항목은 원활하게 전개가 되는데 어떤 항목은 1단계에서 막히는 경우가 있다. 이럴 때에는 작업을 중단하고 일단 그 칸을 비워두는 것이 현명하다. 다른 칸을 다 채운 다음 비워둔 칸으로 돌아와 다른 각도에서 원인을 다시 찾아본다.

로직트리는 문제의 정확한 원인을 파악해 해결방안을 찾기 위해 전개하는 방법으로 객관적이면서 합리적이다. 하지만 그것은 생각보다 쉽지 않다.

자신의 일에 완전히 객관적이기는 힘들기 때문이다. 따라서 다른 사람들에게 체크해주기를 부탁하는 것도 자신의 사고를 보다 객관적으로 넓힐 수 있는 한 방법이다.

문제해결을 원한다면 문제를 분석하는 게 가장 빠른 방법이다. 발생된 문제에 대해 대충 원인을 분석하고 해결하려들면 먼 길을 돌아가는 결과만 낳을 뿐이다. 아무리 복잡하고 어려운 일이라도 로직트리를 활용한다면 문제의 원인과 과정을 단 한 장으로 요약 정리할 수 있다.

로직트리를 체계적으로 정리했다면 'So How'를 찾아내는 것은 쉬워진다.

③

두 번 생각하면
충분하다 :
실행력

늘 똑같은 행동을 하면서
다른 결과를 기대하지 마라

직장인 A씨는 입사 이후 반년 동안이나 하루도 빠짐없이 지각하는 지각대장이다. 그는 직장까지 가는 시간을 정확하게 한 시간으로 잡았기에 늘 한 시간 전에 집에서 출발했다. 그런데 꼭 10분씩 늦는다. 어찌된 일일까?

자가운전자라면 길이 막혀서일 수도 있고 대중교통을 이용하는 사람이라면 제때 차가 오지 않아서일 수도 있다. 그런데 아무리 그렇더라도 정말 매일 같이 10분씩 지각할 수는 없다. 답은 간단하다. 직장인 A씨는 애당초 집에서 출발해 직장에 도착하는 시간을 잘못 계산했던 것이다. 1시간 거리가 아니라 정확하게 1시간 10분 거리인 것이다.

A씨는 출근한 지 사흘 만에 그러한 시간 차이를 눈치챘지만 정확하게 따져보지는 않았다. 집을 나서는 시간은 정확히 8시, 직장까지 걸리는 시간은 1시간, 그것이 그가 생각하기에 가장 적당한 시간이었

던 것이다.

그렇게 지각하면서도 그는 직장동료들이 자신을 '지각대장'이라고 놀리는 것에 두드러기가 날 정도로 싫어한다. 내일 길이 막히지 않는다면, 내일 차가 제때 온다면 정시에 출근할 수 있다고까지 여긴다.

그렇다면 A씨는 어떻게 해야 지각하지 않을 수 있을까?

초등학생도 다 알 만한 이 문제의 답은 간단하다. 10분 일찍 집을 나서면 된다. 그런데도 그렇게 하지 않는 것은 습관을 바꾸려는 의지가 없기 때문이다.

대부분의 사람은 보통 습관대로 행동한다. 늘 같은 시간에 늦거나, 늘 무언가를 빠뜨리거나, 늘 무언가를 잊어버리지만, 그것이 자신의 습관에 의해 발생된 일이라고 생각하지 않고 그 원인을 다른 곳으로 돌릴 때가 있다. 건망증이 심하다거나, 시간이 없어서라거나, 중요하지 않은 것 같아서라는 변명을 하는 것이다.

건망증이 심한 것도 습관이다. 자신이 건망증이 있다고 생각했다면 메모하는 습관을 가지면 된다. 시간이 없는 것도 습관이다. 시간을 만드는 것은 자신이기 때문이다. 중요하지 않은 것 같다고 변명할 정도라면 그 일은 중요한 것이 맞다. 혹은 중요하든 중요하지 않든, 빠뜨리거나 잊어버렸다면 다시 반복되는 일이 없도록 주의를 기울여야 한다.

그런데 그러한 행동의 변화 없이 다시는 그런 일이 발생하지 않기만을 바란다. 즉, 늘 똑같은 행동을 반복하면서 다른 결과가 있기를 바라는 것이다. 가만히 따져보면 놀라운 일이지 않은가. 매일 같은 행동을 하면 결과도 같을 수밖에 없지만 실제로 많은 사람들은 같은 행동을 되풀이하면서 다른 결과를 기대하는 경우가 많다.

아인슈타인은 이러한 상황을 좀 더 극단적으로 표현한 바 있다.

"정신이상이란 계속 같은 행동을 되풀이하면서 다른 결과를 기대하는 것이다."

당연한 말이지만 다른 결과를 기대한다면 다르게 행동해야 한다. 그런데 그러지 못하는 가장 큰 이유는 자신의 습관에 자기 자신이 길들여져 있기 때문이다. 몹시 익숙해서 쉽게 내다버리지를 못하는 것이다.

전문가들의 말에 의하면 새로운 습관을 만드는 데는 적어도 28일이 걸린다고 한다. 습관을 하나 바꾸는 것도 그리 만만한 일이 아닌 것이다. 그러나 '다른 결과'를 기대한다면 익숙해진 옷을 벗고 다른 옷을 갈아입을 수 있는 과단성과 실행성이 필요하다.

매일 똑같은 오늘을 살면서 내일은 오늘과 다르기를 바라기만 하는 것보다 '오늘을 바꿔보는 것'이 훨씬 효율적이지 않을까.

"나는 같은 행동을 하면서 다른 결과가 나오기를 기대하고 있었던 것은 아닌가?"

만약, 이 질문에 "그렇다"라고 대답을 한다면 당신은 스스로의 행동을 변화시키기 위한 노력을 해야 한다.

"변화시키고 싶은 것이 있다면 먼저 당신이 변해야 한다. 그렇지 않으면 아무것도 변화하지 않는다"라는 격언을 깊이 새겨둘 필요가 있다.

1분의 행동이
100도의 열정보다 강력하다

"차를 운전하기 위해서는 시동을 걸어야 한다. 마찬가지로 중요한 프로젝트에 착수하기 위해서 당신의 정열을 나누어 가질 관리자들이 필요하다. 때문에 그들에게 동기를 유발하기 위해 열정을 사용해야 한다. 당신의 열정이란 불을 관리자들에게 활활 타오르도록 점화하여, 또다시 그 불을 전사적으로 타오르도록 하라. 열정은 당신의 잠재의식이라는 거대한 능력을 열어줄 것이다."

이동통신사 KDDI의 창업주이며 일본 항공의 회장으로 있는 '이나모리 가즈오'의 말이다. 그는 성공의 비결을 능력, 노력, 태도로 설명한 적이 있다. 그가 말하는 '태도'는 다름 아닌 '열정'이다.

열정은 동기를 유발하며 자신의 능력을 일깨워준다. 열정이 없는 사람은 행동을 취할 생각조차 하지 않는다. 때문에 열정은 성공을 향한 준비자세라 해도 과언이 아니다. 그러나 열정만 있어서는 효율적인 성과를 얻을 수 없다. 성공은 행동에서 나온다. 그래서 '이나모리 가즈오'는 열정과 더불어 행동의 중요성을 강조한다.

"두려워서 몸을 웅크리고 있으면 발전하지 못한다. 알지 못하는 길을 개척하기 위해서는 자신의 마음속에 등불을 켜고, 나침반을 들고 힘차게 나아가야 한다."

사실, 열정적인 사람은 많다. 정확하게는 자신의 꿈이 무엇이고, 어떻게 살고 싶고, 무엇을 하고 싶은지 열정을 가지고 말하는 사람은 많다. 그러나 자신의 열정을 행동으로 옮기는 사람은 그리 많지 않다. "1분의 행동이 100도의 열정보다 강력하다"라는 것을 모르는 사람은 없을 것이다. 때문에 행동을 취하지 못하는 자신에게 자꾸 실망하는 것이다. 행동력을 갖기 위해서는 다음의 네 가지 자세가 필요하다.

첫째, 자신의 능력에 맞는 계획을 세워라. 자신의 능력에 맞는 계획을 세우라는 것은 실현 가능한 목표를 세우라는 말이다. 자신의 능력과 무관한 계획은 행동하지 않고 몽상으로만 끝내겠다고 결심하는 것과 같다. 이런 계획을 세우는 것은 그 일이 실행될 거라고 스스로도 믿지 않기 때문이다. 따라서 자신의 능력에 맞는 계획을 세워 실현 가능한 일로 만드는 것이 최우선이다.

둘째, 앞서 걱정하지 마라. 앞서 걱정하는 이유는 두려움을 가지고 있기 때문이다. "길을 개척하고 싶지만 개척하다가 죽거나 다치면 어떡하지?"라고 걱정해서는 절대 개척된 길을 볼 수 없다. "실패도 경험이야. 이번에 실패해도 다음번에는 경험을 살려 성공할 수 있어"라는 긍정적인 마음이 필요하다. 가보지 않은 길에 무엇이 있는지는 그 누구도 모른다. 그러나 한번이라도 시도한 사람은 시도하지 않은 사람보다 더 빨리 길을 찾을 수 있다. 자신 안에 있는 두려움이 제거되면 실행을 망설이지 않기 때문이다.

셋째, 눈앞의 이익에 얽매이지 마라. 눈앞의 이익에 얽매이다보면 해야 할 일을 놓치게 된다. 당신의 목표가 무엇인지, 그 목표를 위해 필요한 행동이 무엇인지 늘 염두에 둘 필요가 있다.

넷째, 자신을 믿어라. 자신의 행동에 믿음을 가져라. "당신은 열정의 등불을 들고 있으며 나침반까지 쥐고 있다. 길을 개척할 의지까지 있다. 성공하지 못할 아무런 이유가 없다." 스스로에게 믿음을 심어줘라. 해낼 수 있다고 믿는 사람과 해낼 수 없다고 믿는 사람의 차이는 행동력의 차이를 만든다.

한평생을 살아가는 동안에 찾아오는 기회는 적지 않다. 그런데도 대부분의 사람들이 자신에게는 기회가 오지 않았다고 느끼는 것은 기회를 볼 줄 아는 눈과 붙잡을 수 있는 행동력이 없어서다. 행동하지 않는 사람에게는 기회도 없다. 열정이란 열정적으로 행동하는 것임을 잊지 마라.

성공은
스스로 돕는 자를 따른다

"저 사람은 운이 좋아."

성공한 사람을 보며 이런 생각을 한 적은 없는가? 혹은 "운이 없다면 어떻게 그렇게 잘 나가겠어?"라든가 "큰 부자는 하늘이 내는 거야"라는 생각은 하지 않았는가.

'운'은 분명히 존재한다. 그러나 그 '운'을 이끌어내는 것은 사람이다. 가만히 앉아 있는데 그냥 굴러 들어오는 운이란 없다. '운'은 '운'을 원하는 사람에게 간다. '운'을 자신의 것으로 만드는 사람들에게는 공통적인 생각과 습관이 있다.

첫째, 그들 대부분이 긍정적이고 진취적이다. 그들은 자신의 열정과 노력이 '운'을 끌어낼 수 있다고 믿는다. 자신을 믿기에 있는 힘을 다해 노력한다.

둘째, 그들은 자신의 실패를 합리화하지 않는다. "잘되면 내 탓, 못되면 조상 탓"이라는 말이 있을 정도로 많은 사람들은 외부에서 실패의 원인을 찾는다. 가난한 형편, 도움이 되지 않는 환경, 운 같은 것들에 책임을 전가시킨다. 그러나 성공한 사람들은 실패를 정면으로 마주본다. 왜, 어째서, 그렇게 되었는지 실패의 원인을 분석하고, 파악한다.

셋째, 그들은 자신에게 필요한 지식을 습득한다. 이는 부동산 투자를 예로 들면 쉽게 알 수 있다. 대부분의 사람들은 부동산 값이 오르면 전전긍긍한다. 자신이 뒤쳐진 것 같고 지금이라도 부동산을 구입해야 하는 건 아닌지 조급해한다. 부동산 열기가 일시적인 현상인지, 지속적인 현상인지에 대해서는 잘 모르고 솔직히 관심도 없다. 부동산에 대해 알려고 하지도 않고 투자에만 열을 올린다. 그러나 부동산 투자를 성공적으로 이끌어낸 사람들을 보면 돈에 대한 지식, 세금이나 비즈니스 실무에 대한 지식 등을 차근차근 배워둔 사람들이다. 그러한 노력을 간과한 채 "남이 하니까 나도 한다"라는 마음을 가진 사람은 성공을 먼 곳으로 쫓아내는 것과도 같다.

넷째, 그들은 작은 성공도 중요하게 생각한다. 워런 버핏이 투자의 방법을 터득한 것도 작은 성공을 반복하면서 이루어낸 성과라는 것을 잊어서는 안 된다. 큰 성공만 바라보고 작은 성공은 성공도 아니라고 생각해서 "난 왜 이렇게 밖에 못하지?"라고 생각할 필요는 없다. 천리 길도 한 걸음부터라고 했다. 작은 성공을 먼저 이룬 다음에야 그 다음 성공도 시도할 수 있다.

다섯째, 그들은 장기적인 시야를 가지고 있다. 인생이 단기간에 승부를 볼 수 있는 짧은 게임이라고 생각하지 않는다. 그들은 보다 넓은 시야로 자신의 비전을 본다.

에이스 침대를 창립한 안유수 회장도 그런 사람 중의 한 명이었다. 그는 오세중 회장과 마찬가지로 6·25 때 홀로 남한으로 내려왔다. 16살에 불과한 그가 할 수 있는 일이란 그다지 많지 않았다. 그는 미군부대의 잡역부로 일하면서 밤에는 미군의 야전침대에서 잠을 잤다. 유난히 추운 어느 날이었다. 홑겹의 야전 침대 천은 맨땅에서 올라오는 냉기를 그대로 전했다. 그때 그는 "이 다음에 매트리스를 깔고 잘 수 있는 최고의 침대를 만들겠어"라고 결심했다. 결국 그는 '침대는 과학'이라는 슬로건으로 유명해진 에이스 침대를 만들어냈다. 만약 그가 단기간에 자신의 꿈을 이루겠노라고 조급하게 생각했더라면 지금의 '에이스 침대'는 탄생되지 못했을지도 모른다. 그가 에이스 침대를 만들 수 있었던 것은 "지금은 아니어도 언젠가 그것을 만들 수 있다"라는 비전을 갖고 있었기에 가능했던 일이다.

마지막으로 그들은 부지런하다는 것이다. 다른 사람보다 먼저 일어나 하루를 시작하고, 잠자리에 들기 전까지 바쁘게 움직인다. 오늘 계획한 일은 무슨 일이 있어도 오늘 해내고 내일로 미루지 않는다. 부지런하게 움직이는 사람은 '운'을 찾아낼 확률도 그만큼 높다. '운'을 보는 눈과 '운'을 자신의 것으로 만드는 타이밍을 놓치지 않기 때문이다.

우리의 삶은 우리의 선택에 의해 이루어진 결과다. 어떤 것 하나도 자신의 선택이 작용되지 않는 것이 없다. '운'도 마찬가지다. '운'은 선택받는 것이 아니라 자신이 선택하는 것이다.

시스템으로 운영되는
당신은
언제나 **앞서간다**

오늘 승리하라
그리고 내일을 의심하라

포드는 대량생산 체제를 획기적으로 이끌었지만 말년이 되어서는 그 자신은 물론이고 포드 사도 쇠퇴의 길을 걷고 만다. 획일적인 대량생산 방식에서 벗어나 사람 중심의 기업으로 변모하는 환경에 적응하지 못했기 때문이다. 고도의 기술을 필요로 하는 직종일수록 자동화 설비로는 양질의 물품을 만들어낼 수 없다. 다른 기업들이 변화하는 환경에 적응하기 위해 노력하는 동안 포드는 고집스럽고 오만한 태도를 버리지 않았다. "기업은 경영이고 경영은 리더십"이라고 말한 것과 달리 그는 리더십과는 거리가 먼 인간관계를 효율적으로 관리하지 못한 경영자였다.

장수하지 못한 기업은 대체로 급변하는 경제 환경에 적절히 대응하지 못한 단점을 보여준다. 기업 환경은 수시로 변한다. 세계 경제의 흐름이 바뀌고, 정부의 정책이 바뀐다. 문화적·사회적 환경이 바뀌고 소비자들의 소비욕구도 바뀐다. 이러한 변화를 읽어내지 못하는 기업은 능동적인 대처가 어렵다. 변화를 읽어내지 못하는 이유는 내일을 내다보지 못했기 때문이다. 오늘의 승리에 안주해 내일을 의심하지 않았다.

개인도 마찬가지다. 인생에서 딱 그 정도까지라는 데드라인은 존재하지 않는다. 인간사는 새옹지마塞翁之馬라는 말이 있다. 인생의 길흉화복은 변화가 무쌍하여 예측하기 어렵다는 뜻이다. 내일을 의심하고 준비해야 하는 이유다.

성공은 성공을 했을 때 완성되는 것이 아니다. 진정한 성공은 그 이후의 삶까지도 관리할 수 있어야 한다. 현실에 안주해 관리하지 않는 '성공'은 사상누각과 같아서 오래 견디기 힘들다.

성공을 유지하는 자세

첫째, 작은 것에 만족하지 마라. 오늘의 승리는 내일의 승리를 위한 과정일 뿐이다. 지금의 승리가 다음의 승리를 담보하지 않는다. 이 정도 했으면 됐다고 생각할 것이 아니라, 이 정도 했으니 다음은 더 많은 것을 해내야 한다는 결심으로 이어져야 한다. 당신의 크기는 당신이 결정하는 것이다. 작은 것에 만족하면 작은 것으로 끝난다. 그것은 작은 것을 지켜내는 것이 아니라 그 자리에 멈춰 서 있는 것을 의미한다. 작은 것에 만족해 긴장을 늦추어서는 안 된다.

둘째, 당신의 현재를 점검하고 내일을 설계하라. 오늘 승리하기까지 당신은 열심히 살았다. 그러나 내일을 설계하지 않으면 오늘 같은 승리를 또 맛볼 수는 없다. 현재를 체크하는 것은 미래를 감지하기 위해서다. 현재 당신의 위치와 당신을 둘러싼 상황을 알아야 미래도 보인다. 그렇기 때문에 언제나 자기 자신을 똑바로 쳐다보고 주변의 흐름을 독수리처럼 날카롭게 주시하는 것이 필요하다.

셋째, 시간을 현명하게 관리하라. 오늘 당신의 것을 지키지 못한다면 내일 당신은 성공할 수 없다. 시간을 관리하지 못하는 사람은 시간에 쫓기게 되어 있다. 시간에 쫓기는 사람은 마음만 급해 내일을 볼 수 있는 시야를 가지지 못한다.

한 가난한 젊은이의 일화가 있다. 그는 현명한 노인을 찾아가 돈을 많이 벌 수 있는 방법을 가르쳐 달라고 했다. 그러자 노인이 말했다.

"돈을 버는 데는 똑똑한 사람이 필요 없지만, 돈을 지키는 데는 똑똑한 사람만이 할 수 있다네."

이 말처럼 오늘의 성공이 내일의 성공으로 이어지기 위해서는 자신을 현명하게 관리할 필요가 있다. 진정한 승리는, 오늘 가지고 있는 것으로 결정되는 것이 아니라 내일도 가질 수 있는 것으로 판가름 난다는 것을 잊지 마라.

습관으로
이어지게 하라

　　　　　　　　　　　　　　　필자의 강좌를 들은 사람들이 보내는
이메일의 내용 중 공통된 질문이 있다.

　"선생님 강의를 듣고 나서 저도 저만의 시스템을 작성해 실천해보
려고 했습니다. 그런데 일주일을 넘기기가 힘들어요. 좀 더 쉽게 할
수 있는 방법은 없을까요?"

　무슨 일이든 그 일을 해내기 위해서는 자기 극복의 과정이 필요하
다. 자기 극복의 과정 없이 찾을 수 있는 '쉬운 방법'은 없지만 매일매
일 기꺼이 할 수 있는 즐거운 방법은 있다. 바로 시스템의 '습관화'다.

　처음 일주일은 아침에 일찍 일어나는 것도, 운동을 하는 것도, 책
을 읽는 것도 어려울 수 있다. 평소 하지 않은 일을 시도하는 것이니
마음이든 몸이든 바로 적응이 되지 않는다. 그러나 그 일주일을 극복
해보라. 그러면 자신도 할 수 있다는 자신감이 생긴다. 이후에는 딱

한 달만이라도 해보자라는 단서를 달고 시도를 해보라. 두 달도 아니고 1년도 아니다. 딱 한 달이다. 그 한 달만큼은 무슨 일이 있어도 자신과의 약속을 지키기 위해 노력해보는 것이다. 한 달이 지나면, 또다시 한 달을 약속하면 된다.

처음 며칠은 힘들고 고되겠지만 한 달이 지날 때 즈음이면 어느 정도 익숙해질 것이다. 그러다 두 달이 지나고 석 달이 될 즈음이면 시스템의 습관화가 어느 정도 자리를 잡아가게 된다.

한번 몸에 밴 습관은 평생 간다. 되레 늦잠을 자는 게 이상하고, 운동을 하지 않으면 피곤하고, 책을 읽지 않으면 허전하다. 절약하는 것이 습관화되어 있어 자신에게 필요 없는 물건은 아예 눈에 들어오지도 않고, 하루라도 편지를 쓰지 않으면 무언가 찜찜하다. 이렇게 되기까지의 과정을 이겨내기만 하면 된다.

워런 버핏이 "내가 성공한 원인은 습관"이라고 하자 빌 게이츠가 맞장구를 치며 "반드시 그 말을 기억하라"라고 강조한 일이 있다.

시스템을 가동하기로 결심했다면, 그 시스템을 자신의 습관으로 이어지게 하라. 그것은 성공으로 향하는 길이며 당신 스스로가 당신의 생활을 즐길 수 있는 가장 좋은 방법이다.

첫결심을 끝까지 밀고 가라
성공의 가장 큰 열쇠다

필자의 멘토 조지 브라운은 필기구를 늘 가지고 다녔다. 필자와 대화를 나눌 때도 그는 조용히 필기구를 꺼내 메모를 했다. 자동차 세일즈맨인 그의 고객으로 만났기 때문에 고객관리를 꽤 꼼꼼하게 하는 세일즈맨이라는 인상을 받았다. 하지만 함께 식사할 때조차 메모하는 건 적응이 되지 않았다. 딱히 중요한 이야기를 하고 있는 것 같지도 않은데 그의 메모지를 보면 깨알 같은 글씨들이 빽빽이 씌어 있었다.

"메모는 해서 무엇에 씁니까?"

궁금증을 참지 못하고 물었다.

"머리가 좋지 않아 습관이 되어 그렇습니다."

처음에는 그의 말을 곧이곧대로 받아들였다. 사람마다 기억력의 용량에는 차이가 있으니 그의 입장에서는 최선의 방법을 선택한 것이라고만 여겼다.

　그러던 어느 날 한국으로 귀국하기 전 조지 브라운의 사무실을 방문했다가 그의 메모가 체계적으로 관리되어 있는 것을 보게 되었다. 그는 메모의 내용을 고객 관련 파일에다 옮겨 기록해두었던 것이다. 당연히 그의 고객이기도 했던 필자의 파일도 있었다. 그 안에는 우리가 처음 만났던 5년 전의 일부터 자동차 관련 상담내용이 정확하게 기록되어 있었다. 그가 그처럼 메모를 한 이유는 자신의 고객을 보다 철저하게 관리하기 위해서였다.

　그런데 더욱 놀라웠던 것은 그의 메모습관이 무려 20년 전에 시작되었다는 것이다. 그는 메모를 해야겠다고 마음을 먹은 순간부터 지금까지 단 한 번도 메모를 게을리한 적이 없다고 했다. 강한 의지가 필요했기 때문에 쉬운 일은 아니었다. 마음먹기보다 중요한 것은 그것을 꾸준히 실천하는 것이다. 그런데 그는 메모를 20년 동안 한 것 외에도 생활의 많은 부분에서 자신과의 약속을 지키고 있었다.

　아침 5시에 일어나겠다는 결심을 굳힌 뒤에는 꼭 그 시간에 일어났고, 매일 편지를 다섯 통씩 쓰겠다고 계획을 세운 후에는 하루도 빠짐없이 그 일을 해냈다. 그는 성공하기로 마음을 먹은 후 자신의 생활습관부터 개선했다고 한다.

　"성공의 기본은 무엇이라고 생각합니까?"

　그에게 물었다.

　"부지런함이지요. 부지런한 사람이 성공하게 되어 있습니다."

　뒤이어 그는 덧붙였다.

"자기 자신과의 싸움에서 지면 성공을 포기하는 것과 같습니다."

필자가 조지 브라운을 멘토로 삼으면서 가장 복제하고 싶었던 건 바로 이 '부지런함'이었다. 한국으로 돌아온 후 필자는 아침형 인간으로 25년 동안 살아오면서 자기관리를 게을리하지 않았다. 물론 어떤 날은 늦잠을 자고 싶을 때도 있었고, 몸이 아프거나 무거우면 게으름을 피우고 싶기도 했다. 하지만 자신과의 약속을 한 번 어기기 시작하면 그 다음부터는 몹시 쉽게 무너질 수 있다는 것을 알고 있기에 한 번 하기로 결정한 일은 무슨 일이 있어도 해냈다.

간혹 주변 사람들이 필자에게 물었다.

"어떻게 그토록 자기관리를 잘하십니까?"

그러면 필자는 이렇게 대답한다.

"할 수 있다고 생각해서 결심한 일을 꾸준히 실행할 뿐입니다."

인생은 마라톤이다. 조급하게 마음먹을 필요가 없다. 조급함은 실수를 불러일으키고 일을 그르치게 한다. 42.195킬로미터를 완주하기 위해서는 자기 페이스를 잃지 않는 것이 중요한 것처럼 우리의 인생에서도 중도에 포기하지 않고 끝까지 달려갈 수 있는 성실함이 중요하다.

가능한 빨리
당신만의 마스터플랜을 세워라

당연한 말이지만 다른 사람들보다 앞서나가려면 무엇이든 한 발 앞서 준비해야 한다.

빈농의 아들로 태어난 송공석 사장은 21살 때 자본금 5만 원으로 남영공업사(와토스코리아의 전신)를 창업했다. 투자의 귀재라 불리는 워런 버핏은 36살에 지주회사인 버크셔 헤서웨이를 인수했고, 애플 사의 최고 경영자인 스티브 잡스는 22살에 친구와 동업으로 애플 컴퓨터를 설립했다. 이들의 공통점은 마스터플랜을 비교적 빨리 세웠다는 것이다.

인생은 선택의 연속이다. 태어났을 때부터 지금까지 어느 한 순간도 선택을 요구받지 않는 때란 없다. 지금 당장 잠을 잘 것인지, 좀 더 책을 읽을 것인지 같은 소소한 일부터 시작해 대학과 직장 같은 큰일까지 선택을 해야 한다. 일이 닥칠 때마다 방향을 잡고 계획을 짜다보면 고민하고 생각하느라 뒤쳐질 수도 있다.

가능한 빨리 자신만의 마스터플랜을 세우는 사람은 다른 사람보다 훨씬 더 빠른 결정을 내리고 행동할 수 있다. 또한 검증과 수정의 시간도 그만큼 여유 있게 가질 수 있다.

필자는 기업의 교육담당자들에게 입사 때부터 은퇴교육을 시키라고 권하고 있다. 이는 불안한 미래를 미리 준비하라는 뜻만은 아니다. 인생은 긴 마라톤이고 그 마라톤에서 승자가 되기 위해서는 최대한 빨리 마스터플랜을 세워 체계적으로 행동할 수 있기 때문이다.

마스터플랜 세우기

① 비전을 가져라.

비전은 자신이 최대한 도달할 수 있는 '되고 싶은 나'를 목표로 설정하는 것이다. '되고 싶은 나'는 물질적인 성공 외에도 자신이 바람직하다고 여기는 이상형의 의미까지 내포하고 있다. 마치 이상형을 말하듯 하나의 문장으로 '되고 싶은 나'를 설명해보라.

"어떤 사람이 되고 싶은가, 어떤 삶을 살고 싶은가."

'되고 싶은 나'를 추구하다보면 그것에 도달하기 위한 행동방침이나 행동규범을 설정할 수 있다. 즉, 비전을 가짐으로써 자신의 미래에 대한 방향을 전략적으로 세울 수 있는 것이다.

② 일의 중요도에 따라 우선순위를 정하라.

일의 중요도에 따라 먼저 수행해야 하는 일부터 순서대로 기록해 보라. 이는, 중요한 일부터 자신의 에너지를 집중적으로 발휘하여 성과를 만들어내기 위해서다. 또한 가치 없는 일들로부터 소중한 시간과 에너지를 낭비하지 않게 하기 위함이다.

③ 시간을 배분하라.

비전은 자신이 도달할 수 있는 최대한의 목표지만 그에 도달하기 위해서는 무수히 많은 작은 목표를 이루어나가야 한다. 비전과 목표의 차이는 전술과 전략의 차이다. 비전은 기간이 정해져 있지 않지만 목표는 기간을 정해 언제까지 해낼 것인지 분명히 할 필요가 있다. 목표마다 단계별로 기간을 정하고 그 기간은 다시 세분화해 시간을 배분하는 것이 좋다. 자연적인 시간은 연속적으로 이어져 있을 뿐이다. 이러한 연속성은 시작과 끝이 없기 때문에 느슨해지기 십상이다. 인위적으로 시간을 잘게 잘라 자신에게 맞는 '맞춤 시간'을 재단하라.

④ 주기적으로 검토 시간을 가져라.

매달, 혹은 석 달마다 자신에게 가장 적당하다고 생각되는 기간을 정해 주기적으로 검토의 시간을 가져야 한다. 이는 지금까지 해온 일을 검증하고 부적절한 일은 수정하고 개선하는 시간을 갖기 위해서다. 또한 변화에 능동적으로 대응하고 시행착오를 줄이기 위해서라도 검토의 시간은 절대적으로 필요하다.

"어떤 삶을 살 것인가"를 결정하는 것은 '운'이나 '운명'이 아니다. '어떤 삶'을 결정하는 것은 본인이 주도적으로 할 수 있는 일이며, 그것을 위해 움직이는 것도 본인의 능동적인 의지에 달려 있다.

어떤 선구자는 "젊은이들이여, 야망을 가져라"라고 외쳤다. 야망을 가지는 것은 빠르면 빠를수록 좋다. 야망이 없는 사람에게는 마스터플랜도 없다. 자신에게 맞는 환경과 여건을 고려하여 자신의 꿈을 키우고, 마스터플랜을 세우는 사람은 성공의 길목에 서 있는 것과 다름없다. 기회는 빠르게 움직이는 사람에게 더 자주 찾아온다. 지금도 늦지 않았다. 바로 지금 당신의 마스터플랜을 세워라.

행동과 생각이
하나가 되도록 하라

　　　　　　많은 사람들은 자신의 상황이 바뀌기
를 원한다. 자신이 하고 있는 일은 지겹고, 직장에서 받는 대우는 만
족스럽지 못하고, 미래도 그다지 밝지 않다. 생각만 해도 갑갑하고 아
득하다. 그러다보니 마술처럼 자신이 처한 상황이 바뀌었으면 좋겠다
고 바라는 것이다.

　　그러나 현실은 자신이 생각하는 것처럼 움직이지 않는다. 생각으
로 움직일 수 있는 것은 아무것도 없다. 좁쌀 한 알이라도 행동을 취해
야만 잡을 수 있는 것이다.

　　필자가 집필한 《안전한 부자》에서도 인용했지만 웨스트민스터 사
원의 한 비석에 새겨진 다음의 글은 사람에게 있어 자신을 바꾸는 행
동이 얼마나 중요한 지를 잘 보여주고 있다.

"어리고 철없던 시절, 나는 끝없는 상상의 날개를 펼쳤다. 나는 세상을 변화시키는 꿈을 꾸었다. 나이가 들어 철이 들자, 세상이 나로 인해 바뀌는 일은 결코 일어나지 않는다는 것을 깨달았다. 그래서 목표를 조금 낮춰 이 나라를 변화시키리라 결심했다. 그러나 이 역시 불가능했다. 인생의 황혼기에 접어들 무렵, 나와 가장 가까운 가족만이라도 변화시켜보겠다고 마음먹었다. 하지만 그들은 내 말을 들으려고도 하지 않았다.

이제 마지막 내 인생의 끝자락에서 깨달았다. 맨 처음 나 자신을 바꿀 수만 있었어도, 그것을 본보기로 가족을 바꿀 수 있었을 텐데. 그랬다면 가족의 지원과 격려에 힘입어 나라의 발전에 이바지할 수 있었을 것이고, 세상까지 바꿀 수 있었을지 누가 알겠는가."

가장 중요한 것은 자신의 생각을 행동으로 이끄는 것이다. 세상이 변하기를 기대하거나 다른 사람이 달라지기를 바라는 것은 아무것도 하지 않겠다고 결심하는 것과 다르지 않다.

당신의 생각이 성공하기를 원하고 있다면 성공을 위해 행동을 취해야 한다. 또한 당신의 생각이 부자가 되기를 꿈꾸고 있다면 부자가 되기 위한 행동을 취해야 한다.

사람들이 흔히 하는 말이 있다.

"꿈은 이루어진다."

2002년 월드컵이 있었을 때 많은 사람들이 외쳤던 구호이기도 하다. 꿈은 이루어지는 것이 맞다. 단, '꿈'이 절실한 경우만이다. 절실하다는 것은 그 꿈을 이루기 위해 행동하는 것을 의미한다. 그 어떤 행동도 하지 않고 "나는 정말 절실해요"라고 말할 수 있는 사람은 없다. 진정 절실했다면 당연히 행동이 동반되었기 때문이다.

모든 사람은 무엇이든 생각할 자유가 있다. 그러나 생각하는 것만으로는 그 어떤 것도 바꾸지 못하며, 아무것도 이룰 수 없다. 정말 자신의 상황이 바뀌기를 원한다면 자신부터 바꿔나가야 한다.

많은 사람들이 불가능하다고 생각했던 일을 이루었던 정주영 회장은 "그 일은 무리다"라고 사람들이 말할 때마다 이렇게 대답했다고 한다.

"해보기나 했어?"

무슨 일이든 할 수 있다고 생각하고 그것을 행동으로 옮기는 사람이 성공하는 법이다. 당신 스스로에게 질문해보라.

"해보기나 했어?"

개선하고 버려야 할 것을
결정하라

매일같이 새로운 기능이 업그레이드
된 전자제품들이 쏟아져 나오는 시대에 살고 있다. 휴대폰이나 노트
북, 컴퓨터 심지어 밥솥까지 제품의 기능을 정확하게 익히지 못한 사
람은 제 아무리 뛰어난 제품이라도 제대로 사용할 수가 없다.

'나'라는 제품도 마찬가지다. 단점과 장점은 무엇인지, 무엇을 할
수 있고, 무엇을 할 수 없는지, 원하는 것이 무엇이고, 원하지 않는 것
은 무엇인지 등과 같은 것을 파악하지 못한다면 자신이 가지고 있는
잠재력을 끌어낼 수가 없다.

자신의 능력을 업그레이드시키고 싶다면 먼저 자신을 점검하고 개
선해야 한다. 점검에서 가장 중요한 것은 자신을 정확하게 파악하는
것이다. 머릿속으로 대충 생각해서는 정확한 파악이 힘들다. 일단 종
이를 준비하고 펜을 들어 장점과 단점을 또박또박 써보라.

나의 장점

하나. 나는 머리가 좋다.

둘. 나는 시간약속을 잘 지킨다.

셋. 나는 대인관계에 유연하게 대처한다.

나의 단점

하나. 나는 책을 읽지 않는다.

둘. 나는 텔레비전을 많이 본다.

셋. 나는 뉴스를 보지 않는다.

넷. 나는 일을 대충하는 습관이 있다.

다섯. 나는 끈기가 없다.

여기서 주의할 점은 자신의 장점과 단점을 되도록 구체적으로 쓰는 것이다. 한 눈에 비교될 수 있도록 쓴 다음에는 단점 옆에 자신의 단점과 반대되는 문장을 써보라. 이를테면, "나는 책을 읽지 않는다"의 옆에다 "나는 책을 읽도록 한다"를, "나는 뉴스를 보지 않는다"의 옆에는 "나는 뉴스를 보도록 한다"를 써본다.

단점 옆에 반대되는 문장을 쓸 수 있는 것은 비교적 해결책이 간단하다. 자신의 단점과 반대의 자리에 있는 그 문장을 그대로 자신의 개선점으로 선택하면 된다. 그러나 반대되는 문장을 쓸 수 없는 경우도 있다.

"나는 일을 대충하는 습관이 있다"이거나 "나는 끈기가 없다"와 같은 경우다. 이러한 단점은 더 이상 질문할 수 없을 때까지 '질문과 답'의 고리를 만들어보자.

나는 일을 대충하는 습관이 있다. ― 왜 그런가. 일에 흥미를 느끼지 못한다. ― 왜 그런가. 내가 하고 싶었던 일이 아니다. ― 그런데 왜 하는가. 다른 선택이 없었다. ― 선택이 왜 없는가. 능력이 없어서다. ― 능력이 왜 없는가. 노력하지 않아서다. ― 노력은 왜 하지 않았는가. 게으른 습관이 있다.

위의 고리에서 게으른 습관에 대해서는 더 이상 나올 질문이 없다. 그렇다면 방법은 하나다. 그 옆에 반대되는 문장을 써보라.

게으름 피우는 습관이 있다. ― 게으름을 피우지 않는다.

이와 같은 방식을 사용하면 어떤 단점이든 그와 반대되는 문장이 나온다. 처음에 쓴 단점은 당신이 버려야 할 점이다. 반대로 그 옆에 쓴 문장은 당신이 개선해나가야 할 점이다. 한눈에 들어오도록 단점은 붉은색으로, 개선점은 파란색으로 표시해두어라.

전자제품의 사용설명서처럼 자신의 설명서를 정리해보자. 무엇을 버리고, 무엇을 개선할지 보다 정확하게 결정할 수 있게 될 것이다.

'지식의 양'이 아닌
'지식의 방향'을 체크하라

인재의 조건은 유능함이다. 필자의 생
각에 유능함은 자신의 분야에서 최고의 전문가가 되는 것을 의미한
다. 많은 사람을 보면 적당히 하면서 그 분야의 최고가 되기를 바란다.
그런데 어느 분야든지 최고의 전문가가 되기 위해서는 끊임없는 지식
함양을 필요로 한다.

개인사업을 하는 사람은 자신이 취급하고 있는 일과 상품에 대한
박사가 되어야 하고, 직장을 다니는 사람은 자신의 분야에서만큼은
모르는 것이 없어야 한다. 자신의 분야에 대한 해박한 지식을 갖추려
는 노력 없이 유능한 인재가 될 수 없다.

자신이 지금 하고 있는 일이 무엇인지, 앞으로 하고자 하는 일은 무
엇인지 정해졌으면 그에 알맞은 전문지식을 습득하는 것이 무엇보다
중요하다.

그렇다고 자신의 전문분야만 파고드는 것은 바람직한 방법은 아니다. 우물을 예로 들어보자. 한 자리에 서서 밑으로만 파내려 가면 1m 정도밖에 파지 못할 것이다. 본인이 움직일 수 있는 반경이 제한되어 있기 때문이다. 그러나 넓게 파기 시작해 밑으로 내려가면 훨씬 더 깊게 우물을 팔 수 있다. 전문적 지식을 가진다는 건 우물을 넓고 깊게 파는 것과도 같다. 어떤 분야든지 그 분야의 지식만 공부해서는 넓고 깊은 지식을 쌓을 수 없다.

전문적인 지식을 겸비하는 것과 동시에 세계 경제의 흐름과 한국 경제의 현실에도 눈을 돌려야 한다. 전문성은 나무이고, 경제의 흐름은 숲이다. 토양이나 일조량 같은 숲의 환경을 고려해야 어떤 나무가 좋은지, 또 그 나무를 심기에 적당한 곳은 어디인지 알 수 있다.

경제의 흐름은 그 사회의 상황이나 문화적 분위기와 연관되어 있다. 교육 문제가 비단 교육만의 문제가 아니라 그 사회의 구조나 구성원들의 가치관과 관계 있는 것처럼 모든 것은 연쇄작용을 일으켜 나오는 결과다.

큰 움직임을 보기 위해서는 보다 넓은 시야를 가지는 것이 중요하다. 그러나 그보다 중요한 것은 자신에게 필요한 지식이 무엇인지를 정확하게 파악한 뒤 지식의 방향을 결정하는 것이다. 지식의 방향을 결정한 후 그것을 중심으로 필요한 지식들을 동서남북으로 넓히는 것이 좋다. 전문적 지식이 중심을 잡고 있어야 잡다한 지식도 빛을 발할 수 있기 때문이다.

그리고
당신의 삶을 살아라

 영국의 신경제재단에서 행복지수를 조사해 발표한 적이 있다. 대한민국 사람들의 행복지수는 68위밖에 되지 않는다. 영국은 74위고, 미국은 114위다. 선진국이라 불리는 나라에 사는 사람들의 행복지수는 더 낮다. 반면 중앙아메리카 남부에 있는 코스타리카가 1위를 차지했고, 2위와 3위는 북아메리카에 위치한 도미니카 공화국과 자메이카가 차지했다. 그 외 10위권 순위 안에 든 나라들을 살펴보면 과테말라, 베트남, 콜롬비아, 쿠바 등 경제적으로 그다지 부유하지 않은 곳들이다. 강대국이나 선진국 중 10위권 안에 든 나라는 단 한 나라도 없다.

신경제재단에서 행복지수를 산출하는 데 제시한 항목은 4가지였다. 외향적이고 유연한 편인가. 스스로 잘 통제하며 긍정적인가. 건강, 돈, 안전, 자유 등에 만족하는가. 가까운 사람에게 도움을 청할 수 있으며 자신이 세운 기대치를 달성하고 있는가.

행복지수의 통계자료를 통해 우리는 스스로에게 질문할 수 있다.

"나는 행복한가?"

억만장자인 워런 버핏은 1만 달러를 초과하는 돈은 행복을 가져다 주지 못한다고 말한 바 있다. 이 말이 주는 의미는 간단하다. 물질적 인 성공이 행복까지 가져다주지 않는다는 것이다. 성공은 결과는 될 수 있을지언정 그 자체가 목적이 될 수는 없다. 그렇다고 성공의 욕구 를 거두어야 한다는 말은 아니다. 오히려 성공해야만 하는 이유는 더 할 나위 없이 분명하다.

성공은 돈과 시간의 자유를 준다. 돈과 시간에 얽매인 채 살아가는 사람은 행복을 챙길 수 있는 여유도 없다. 성공이 당신에게 가져다주 는 최고의 선물은 바로 '여유'다. 그런데 막상 '여유'를 가져도 그 '여 유'를 제대로 활용하지 못한다면 성공의 의미는 퇴색되고 만다. 그것 을 잘 보여주는 이야기가 피천득의 수필 《은화 한 닢》이다.

작가는 은화 한 닢을 가지고 있는 거지와 만난다. 거지는 한 푼씩 모은 돈을 좀 더 큰 단위의 돈으로 바꾸었고, 그 돈을 또 모아 더 큰 단 위의 돈으로 바꾸는 것을 반복했다. 결국 거지는 여섯 달이나 걸려 은 화 한 닢을 가지게 되었다. 작가는 돌담 아래 쪼그려 앉아 손바닥에 은화를 놓고 들여다보고 있는 거지에게 다가가 물었다.

"왜 그렇게까지 애를 써서 그 은화를 만들었단 말이오? 그 은화로 무얼 하려오?"

거지는 머뭇거리다가 대답했다.

"이 은화 한 개가 갖고 싶었습니다."

거지는 은화 한 닢을 가지고 싶었고, 자신의 목표를 이루기 위해 굶 주림도 불사했다. 하지만 그는 은화 한 닢으로 무엇을 할 수 있을지, 혹은 무엇을 해야 하는지는 알지 못했다.

거지는 사뭇 어리석은 인물처럼 보인다. 그런데 주변을 둘러보면 자신이 진정으로 원하는 것이 무엇인지 알지 못하는 사람들이 생각보 다 많다는 것을 알 수 있다. 그렇게 된 이유는 시간과 돈에 쫓겨다니느 라 자신을 돌아볼 기회를 갖지 못했기 때문이다. 지금이라도 당신 자 신에게 물어보라.

"당신이 원하는 것은 은화인가? 아니면 은화를 사용해 가질 수 있 는 다른 것인가?"

고기도 먹어본 사람이 먹는다는 말이 있다. 이는 무슨 일이든지 하 던 사람이 잘한다는 뜻이다. 평소 자신이 진정으로 원하는 것이 무엇 인지 찾지 못한 사람은 그토록 바라던 성공을 가지게 되더라도 그것 을 잘 활용하지 못한다. 때문에 정말 자신이 되고 싶은 이상형이 무엇 인지, 진정으로 원하는 삶이 무엇인지를 항상 염두에 둘 필요가 있다.

그래야 자신이 원하는 삶을 살 수 있기 때문이다.

　바람직한 삶이 무엇인지의 절대적 기준은 없지만 행복한 삶에 대한 기준은 있다. 바로 자신이 원하는 삶을 사는 것이다. 얼마나 멋진 일인가! 당신은 당신의 삶을 살 수 있는 보물을 손에 쥐고 있다. 그것을 감상하는 데에만 멈추지 말고 그것을 통해 당신의 삶을 즐겨라.

당신만의 '어메이징 스토리'를 만들어라

이 책 《오래 멋지게 행복하게》에는 시스템 습관화를 통해 성공한 수많은 사람들의 이야기가 있다.

단돈 1센트도 가치 있게 여기는 월마트 창업자 샘 월튼, 돈에 관해서는 딸에게조차 엄격했던 워런 버핏, 엄격한 자기계발을 통해 자동차 세일즈왕이 된 조지 브라운, 자기 단점을 목록으로 작성해 매일 점검하고 반성했던 벤자민 프랭클린 등 …….

신화와도 같은 명성에 비해, 이들의 성공 습관을 하나둘 들여다보면 생각만큼 대단치도 않다는 생각이 든다. 사실 동전을 줍는다든가, 딸에게 엄격한 경제교육을 시킨다든가 하는 행위 하나하나는 누구든지 할 수 있는 일이다. 단지 실행에 옮기느냐 그렇지 않느냐의 차이일 뿐.

결코 독자 여러분의 실행력 부재를 탓하자는 것이 아니다. 그렇게 어렵지 않은 일이니 일단 한번 해보자는 것이다. 누구라도 신화를 쓸 수 있다. 지금 이 글을 읽고 있는 독자가 어느 순간 '어메이징 스토리'의 주인공이 될 수도 있다.

《오래 멋지게 행복하게》가 말하고자 하는 바는 매우 간단명료하다. 지금까지 몇 번씩이나 강조했던 바와 같이 '시스템'을 만들고 실천하라는 것이다. 이 책은 그 과정이 좀 더 구체적이고 체계적으로 이뤄질 수 있도록 도와줄 것이다.

실천하고 또 실천하라. 성공은 스스로 돕는 자를 따르는 법이다. 후에 이 책의 개정판이나 후속판이 발간됐을 때, 독자 여러분의 환상적인 스토리로 본문이 가득 채워질 수 있기를 바란다.

책의 마지막까지 완독해주신 독자 여러분께 감사드린다. 250페이지 남짓의 분량이 결코 길다 할 수는 없지만, 내용을 완벽히 숙지하고 습관화하는 데 필요한 시간은 책 한 권을 정독하는 것에 비할 바 아닐 것이다. 앞으로도 독자 여러분 곁에서 이 책이 수시로 펼쳐지며 성공적인 시스템 정립을 하는 데 도움이 됐으면 하는 바람이다.

이영권

오래 멋지게 행복하게

펴낸날	초판 1쇄 2011년 1월 30일
	초판 3쇄 2011년 7월 21일

지은이	이영권
펴낸이	심만수
펴낸곳	(주)살림출판사
출판등록	1989년 11월 1일 제9-210호

경기도 파주시 교하읍 문발리 파주출판도시 522-1

전화 031)955-1350   팩스 031)955-1355

기획·편집 031)955-1394

http://www.sallimbooks.com

book@sallimbooks.com

ISBN   978-89-522-1550-5   03320

※ 값은 뒤표지에 있습니다.

※ 잘못 만들어진 책은 구입하신 서점에서 바꾸어 드립니다.

책임편집 김종원